# Venedig

Christoph Hennig

Diese Symbole im Buch verweisen auf den großen Cityplan!

# Benvenuti – Willkommen

| | |
|---|---|
| Mein heimliches Wahrzeichen | 4 |
| Erste Orientierung | 6 |
| Schlaglichter und Impressionen | 8 |
| Geschichte, Gegenwart, Zukunft | 14 |
| Reiseinfos von A bis Z | 16 |

# 15 x Venedig direkt erleben

**1 | Der »schönste Salon der Welt« – Piazza San Marco** 28
Über fotografierenden Touristen, gurrenden Tauben und den
Traditionscafés am Platz erhebt sich strahlend der Markusdom.

**2 | Im Zentrum der Macht – der Dogenpalast** 33
Der repräsentative Bau hat eine wunderschöne Fassade und kostbar
ausgestattete Prunkräume im Innern.

**3 | Stiller Platz mit großen Bauten – Santi Giovanni e Paolo** 36
Eine Kirche voller Kunst, ein städtisches Krankenhaus mit prächtiger
Fassade und drumherum stille Gassen, kleine Geschäfte, nette Bars.

**4 | Wie auf der Ansichtskarte – die Rialto-Brücke** 40
Der Blick auf den Canal Grande ist einfach großartig.

**5 | Märkte, Bars und kleine Läden – das Rialto-Viertel** 42
Eines der interessantesten Einkaufsviertel mit dem bunten Rialto-Markt
sowie kleinen Läden für Gourmets und Liebhaber von Kunshandwerk.

**6 | Im Zeichen Tizians – Santa Maria Gloriosa dei Frari** 46
Die Franziskanerkirche lockt mit Werken von Tizian, Bellini und Donatello.
Nach dem Kunstgenuss entspannt man in netten Läden und Lokalen.

**7 | Der Boulevard – Bootsfahrt auf dem Canal Grande** 49
An der ›Hauptstraße‹ Venedigs reihen sich die prunkvollen Palazzi
aneinander, repräsentative Wohnsitze wie Perlen an einer Schnur.

**8 | Treffpunkt junger Venezianer – um den Campo Santa Margherita** 52
Tagsüber nette Cafés und ein kleiner Markt, abends und nachts läuft
der Platz zur Hochform auf.

**9 | Das Licht der Lagune – die Galleria dell'Accademia** 55
Venezianische Malerei vom Feinsten: Tizian, Tintoretto, Giorgione,
Tiepolo, Carpaccio, Veronese …

**10 | Gondeln, Glas und Mode – eine kleine Einkaufstour** 58
Kunsthandwerk mit Tradition – von handgeschöpften Kostbar-
keiten aus Papier über Glaskunstwerke bis zu zart bemalten Stoffen.

**11** | **Moderne Kunst – venezianische Stiftungen** | 60
Guggenheim-Museum, Punta della Dogana und Spazio Emilio Vedova.

**12** | **Der schönste Blick auf die Stadt – San Giorgio Maggiore** | 63
Vom Campanile sieht man über die Lagune, die Inseln und die Stadt.

**13** | **Juden in Venedig – im Ghetto** | 66
Alte Synagogen und ein kleines Museum zeugen vom Leben der
jüdischen Gemeinschaft in Venedig.

**14** | **Die Glasinsel – Murano** | 69
Den Glasbläsern bei der Arbeit zuschauen, kostbare Glaskreationen
erstehen und im Glasmuseum 4000 Exponate bestaunen.

**15** | **In der Lagune – Burano und Torcello** | 72
Burano lockt mit bunten Häusern und geklöppelten Spitzen,
Torcello mit der mosaikgeschmückten Kathedrale Santa Maria Assunta.

**Noch mehr Venedig** | 74
Gebäude und Plätze 74    Kirchen 77    Museen 79    Parks und Gärten 83

**Ausflüge** | 84
Brenta-Villen 84    Lido, Pellestrina und Chioggia 84

# Zu Gast in Venedig

**Übernachten** | 88
Günstig und nett 89    Stilvoll wohnen 90
**Essen und Trinken** | 92
Cafés und Gelaterie 93    Gourmet-Lokale 94    Gut und günstig 95
Szene und Ambiente 96    Typisch Venedig 98    Bácari 99
**Einkaufen** | 100
Antiquitäten und Kunst 101    Bücher und CDs 101
Delikatessen und Lebensmittel 101    Geschenke, Souvenirs, Design 102
Mode und Accessoires 103    Designermode 104    Papier 105
Schmuck 105
**Ausgehen – abends und nachts** | 106
Bars, Cafés, Pubs 107    Diskotheken 108    Glücksspiel 108    Kino 108
Livemusik 109    Klassische Musik, Oper und Theater 110    Szenekneipen 111

Sprachführer | 112
Kulinarisches Lexikon | 114
Register | 116
Autor, Abbildungsnachweis, Impressum | 120

# Benvenuti – Willkommen
## Mein heimliches Wahrzeichen

Riva degli Schiavoni – es verrät etwas vom kosmopolitischen Geist Venedigs, dass die Uferpromenade an der Lagune nach den ›Slawen‹ heißt, den Menschen aus den ehemaligen venezianischen Kolonien auf der anderen Seite der Adria. Heute trifft man hier eher Franzosen und Deutsche, Amerikaner und Japaner. Der breite Fußgängerweg ist fast ständig von Touristen bevölkert. An der Riva degli Schiavoni finden sie Venedig konzentriert: Luxushotels und Straßenhändler, Gondeln und Kreuzfahrtschiffe, Seeluft und Möwengeschrei, vor allem aber den Blick über die weite Wasserfläche der Lagune.

# Erste Orientierung

### Piazza San Marco ▶ F 5

Wie immer man nach Venedig anreist, mit dem Flugzeug, der Bahn, dem Auto – richtig angekommen ist man erst, wenn man mindestens einmal auf dem **Markusplatz** gestanden hat. Hier ist das symbolische Zentrum der Stadt, auch wenn die Piazza, geografisch gesehen, eher am Rand der Altstadt liegt. Jahrhundertelang war sie der natürliche Empfangssalon Venedigs, denn alle Besucher kamen per Schiff in die Inselstadt. Venedig erschloss sich ihnen von der Lagune her. Die Markuskirche und der Dogenpalast waren die ersten großen Gebäude, die im Blick der Reisenden auftauchten. Venedig begrüßte sie von seiner schönsten Seite.

Heute ist die Anfahrt prosaisch geworden. Die Reisenden erreichen die Stadt an unruhigen Plätzen mit eher unerfreulicher Architektur, am **Bahnhof** (▶ B 3) oder am **Piazzale Roma** (▶ B 4). Sie kommen sozusagen durch die Hintertür herein. Doch der Markusplatz bleibt für alle – und gerade für die vielen Touristen, die sich nur wenige Stunden in Venedig aufhalten – der eigentliche Mittelpunkt. Deswegen ist er oft unangenehm voll von Menschen. Trotzdem: Der Markusdom und der Dogenpalast sind ohne Zweifel die eindrucksvollsten und originellsten Bauten der Stadt, es lohnt sich also, hier zu starten.

### Canal Grande ▶ B 3–F 6
### und Rialto-Brücke ▶ E 4

Die beiden anderen großen Venedig-Symbole sind die **Rialto-Brücke** und der **Canal Grande.** Beide sieht man während eines Venedig-Aufenthalts immer wieder, aber es ist keine schlechte Idee, gleich am Anfang der Reise mit dem Linienboot durch den ganzen Großen Kanal zu fahren – gleichsam eine Promenade auf der ›Hauptstraße‹ der Stadt (s. S. 49). Die noblen Palazzi der reichen venezianischen Familien wenden dem Kanal ihre repräsentativen Prunkfassaden zu – ein Querschnitt durch die Geschichte vieler Jahrhunderte. Und den Postkartenblick auf die Rialto-Brücke genießt man bei dieser Tour auch.

### Idealer Überblick

Am Markusplatz kann man auf den Campanile hinauffahren, um einen ersten Überblick über die Stadtanlage zu gewinnen. Doch der Touristenandrang ist hier meist enorm und die Aussicht ist noch schöner vom gegenüber liegenden **Glockenturm von San Giorgio Maggiore** (▶ G 7, s. S. 63). Hier erschließt sich die gesamte Stadtstruktur, und man bekommt einen deutlichen Eindruck von der Lage Venedigs in der weiten Wasserfläche der Lagune, die durch die lang gestreckten ›Lidi‹ vom offenen Meer getrennt wird.

### Die Stadtteile

Venedig ist in ›Stadtsechstel‹ *(sestrieri)* unterteilt. **San Marco** (▶ F–G 4–6, D–E 5–6) erstreckt sich zwischen Markusplatz und Rialto-Brücke. Hier tobt das touristische Leben. Nirgendwo anders in Venedig geht es so unruhig und gedrängt zu, nirgendwo gibt es direkt nebeneinander so viel touristischen Nepp und so viele noble Geschäfte.

Nördlich und östlich schließt sich **Castello** an (▶ G 3–6 bis K 4–7), der ausgedehnteste der sechs Stadtteile. Viel Betrieb herrscht hier nur an der

## Erste Orientierung

Uferpromenade Riva degli Schiavoni, ansonsten ist die Gegend ruhig. Vor allem in die ehemaligen Arbeiterviertel um die Via Garibaldi verirrt sich kaum ein Tourist.

**Dorsoduro** und **San Polo** auf der anderen Seite des Canal Grande sind die atmosphärisch reizvollsten Stadtteile – nicht so überdreht und voll wie San Marco, nicht so abgelegen und manchmal ausgestorben wie der Altstadtrand. In **Dorsoduro** (▶ A–C 5–8, D–E 6–8, F–H 7–8) pulsiert um die Universität und den Campo Santa Margherita das studentische Leben, um das Guggenheim-Museum und die Accademia gibt es Galerien und stilvolle kleine Geschäfte, die Uferpromenade der Zattere ist vor allem bei gutem Wetter ein beliebter Treffpunkt der Venezianer. Zu Dorsoduro zählen auch die Inseln San Giorgio und Giudecca. Der kleinste Stadtteil, **San Polo** (▶ C–E 4–5), zeigt Venedig in konzentrierter Form: Märkte, Läden, Kirchen, Plätze und zahlreiche große Kunstwerke. Besonders reizvoll ist hier das Marktviertel in der Nähe der Rialto-Brücke.

**Santa Croce** (▶ A–E 3–4) ist der einzige venezianische Stadtteil ohne große Sehenswürdigkeiten und wird entsprechend selten von Touristen besucht. Sie sammeln sich nur an den ›Einfallstoren‹ Piazzale Roma und Bahnhof. Das Eigenleben des Viertels entfaltet sich am stärksten um den Campo dei Tolentini in der Nähe der Architekturfakultät sowie am hübschen Campo S. Giacomo dell'Orio.

In **Cannaregio** (▶ A–G 1–3) dagegen herrscht viel Betrieb an dem langen Straßenzug Lista di Spagna – Rio Terrà San Leonardo – Strada Nuova. Weiter nördlich erstreckt sich ein stilles, fast verlassen wirkendes Quartier, das sich nur abends stärker belebt, denn hier haben einige Lokale der Studentenszene einen Platz gefunden.

**Abseits der Touristenpfade – im Stadtteil Castello**

# Schlaglichter und Impressionen

## Die Altstadt und der Großraum Venedig

Wer von Venedig spricht, meint damit gewöhnlich das ›Insel-Venedig‹ – die historische, vom Wasser umgebene Altstadt. Als Verwaltungseinheit umfasst Venedig aber auch viele Laguneninseln und vor allem einen ausgedehnten Siedlungsbereich auf dem angrenzenden Festland. Insgesamt hat Venedig offiziell rund 270 000 Einwohner, dazu kommen geschätzt rund 40 000 in den Statistiken nicht erfasste Bewohner: Studenten und Zweitwohnungsbesitzer sowie illegale Einwanderer. Doch im ›eigentlichen‹ Venedig wohnen offiziell nur 60 000 Menschen und die Einwohnerzahl sinkt ständig: 1950 war sie gut dreimal so groß wie heute! Dafür ist vor allem der Mangel an erschwinglichem Wohnraum verantwortlich. Die Immobilienpreise und Mieten sind aufgrund der starken Nachfrage auswärtiger Investoren die höchsten in Italien, die einheimische Unter- und Mittelschicht wird so aus der Stadt verdrängt. Arbeitsplätze gibt es aufgrund des Tourismus dagegen genug: Täglich fahren rund 30 000 Pendler vom Festland in die Altstadt.

Apropos, von italienischen Großfamilien kann übrigens nicht mehr die Rede sein: Die durchschnittliche Haushaltsgröße beträgt nur noch 2,1 Personen. Italien schrumpft: Auch in Venedig, wie fast überall in Italien, übersteigt die Anzahl der jährlichen Todesfälle diejenige der Geburten. Und Italien altert: Das Durchschnittsalter der venezianischen Bevölkerung liegt mit 47 Jahren noch höher als anderswo. Zur Verjüngung tragen neben den in diesen Zahlen nicht erfassten Studenten die ausländischen Zuwanderer bei. Offiziell sind es im Großraum Venedig 17 000, faktisch dürfte die Zahl fast doppelt so hoch liegen. Die größte Zahl der Immigranten stammt aus Bangladesh, danach folgen Moldawien, Rumänien, die Ukraine und Albanien. Auch Chinesen sind stark vertreten.

## Tourismus

Der Tourismus bringt Venedig Einnahmen und Arbeitsplätze, ist aber zugleich eine massive Belastung für den Alltag der Einheimischen. Durchschnittlich halten sich in Venedig täglich 55 000 Besucher auf, denen etwa 100 000 Einheimische (einschließlich der Studenten und der Pendler) gegenüberstehen. Zu Spitzenzeiten, etwa im Karneval, musste Venedig aber auch schon bis zu 180 000 Ausflügler an einem Tag verkraften!

Drei Viertel der Besucher sind Tagesausflügler, aber immerhin 3,5 Mio. Menschen übernachten jährlich in Venedig. Den größten Anteil daran stellen US-Amerikaner, es folgen Italiener, Briten, Franzosen, Spanier und Deutsche. Der Anteil der Deutschen an den ausländischen Übernachtungsgästen ist mit 7 % niedrig, wenn man bedenkt, dass sie ansonsten in Italien mehr als 20 % der ausländischen Touristen ausmachen.

Ökonomisch sind die Übernachtungsgäste den Einheimischen willkommener als die Ausflügler: Ihre Zahl ist zwar geringer, aber ihre Kaufkraft größer. Das meiste Geld der Touristen geht übrigens für das Hotel drauf, Shopping spielt dagegen nur eine untergeordnete Rolle.

## Schlaglichter und Impressionen

**Wenn es auch kalt ist – Touristen lieben den Karneval in Venedig**

### »Venedig kann sehr kalt sein«

Den Titel des Krimis von Patricia Highsmith kann gut nachvollziehen, wer an einem nebligen Wintertag bei Temperaturen um den Gefrierpunkt durch Venedig streift. Immer wieder flüchtet man dann je nach Neigung in eine Bar, einen Laden, eine Kirche oder ein Museum, um sich wenigstens vorübergehend aufzuwärmen. Die durchschnittliche Tageshöchsttemperatur liegt im kältesten Monat, dem Januar, mit 6 °C Grad nicht einmal besonders niedrig. Aber die Feuchtigkeit zieht einem schnell in die Knochen. Auch im Hochsommer macht sie sich bemerkbar. Im Juli und August herrscht in Venedig oft schwüle Hitze, die Höchsttemperaturen steigen dann häufig auf 30 °C und mehr (Durchschnitt: 28 °C). Die klimatisch angenehmsten Jahreszeiten sind Frühjahr und Herbst, mit gemäßigter Wärme und allerdings häufigeren Regenfällen. Venedig kann im Mai oder September zwar nicht sehr kalt, aber doch recht voll sein. Das spricht dann wieder für eine Winterreise: Im November oder Januar hat man gute Chancen, Venedig in Ruhe zu erleben.

### Wovon die Menschen leben

Jahrzehntelang war Venedig ein wichtiges Industriezentrum. Das riesige Industriegebiet Mestre-Marghera mit großen Fabriken vor allem der Petrochemie gab Zehntausenden von Menschen Arbeit. Seit den 1970er-Jahren haben aber nach und nach zahlreiche Werke geschlossen. Weite Bereiche liegen als Industrieruinen brach oder werden allmählich für Dienstleistungs- und Logistikbetriebe erschlossen. Heute arbeiten im Großraum Venedig noch 25 000 Menschen in der industriellen Produktion, das ist ein knappes Fünftel aller Arbeitskräfte. Die Mehrzahl ist, wie fast überall in Italien, im Dienstleistungssektor beschäftigt, darunter allein 22 000 in Banken und Versicherungen! Die Anzahl der Arbeitsplätze im Touris-

# Schlaglichter und Impressionen

musbereich wird nicht gesondert erfasst, da sich bei vielen Betrieben (beispielsweise Restaurants oder Ladengeschäften) nicht feststellen lässt, ob die Kunden Reisende oder Einheimische sind. Man kann aber davon ausgehen, dass in der historischen Altstadt mehrere zehntausend Menschen ihren Lebensunterhalt mit dem Tourismus verdienen.

## Forschung und Lehre
Venedig hat vier Hochschulen: die traditionelle Università Ca' Foscari, die Architektur- und Urbanistikuniversität IUAV, die Kunsthochschule Accademia delle Belle Arti und die Venice International University. Die Studenten tragen wesentlich zum Eigenleben der Stadt bei.

## Orientierung
In Venedig verläuft man sich schnell, aber die gelben Hinweisschilder zu San Marco, Rialto, Accademia, Ferrovia (Bahnhof) und Piazzale Roma helfen, wieder auf den rechten Weg zu gelangen. Schwieriger ist es, bestimmte Adressen zu finden: Die Postanschrift ist zur Orientierung ungeeignet, denn sie nennt nur den Stadtteil und nicht die Hausnummer. In jedem der sechs Stadtteile werden die Häuser aber durchlaufend gezählt, haben also meist Tausender-Nummern. Für Fremde ist das System völlig undurchschaubar.

Man sollte daher neben der offiziellen Anschrift (wie ›Cannaregio 5550‹) auch den Namen der jeweiligen Gasse (z. B. ›Salizzada San Canciano‹) kennen. Aber Vorsicht: Viele Straßennamen existieren in Venedig mehrfach; zudem führen Straßenschilder die Namen oft im Dialekt an, was weiter zur Verwirrung beiträgt. In diesem Buch werden deshalb bei Adressen jeweils Stadtteil, Hausnummer und Straße angeführt.

Der österreichische Schriftsteller Fritz von Herzmanowsky-Orlando hat be-

**Staugefahr – bei Hochwasser auf den Holzstegen**

# Schlaglichter und Impressionen

hauptet, das rege Straßenleben in Venedig komme von den vielen ›Verirrten‹: »Immer wieder habe ich selbst Eingeborene der Lagunenstadt – darunter Briefträger und Polizisten oder städtische Ingenieure mit Messlatten – wehklagend vor Madonnenbildern gefunden: falsche Scham verbot diesen Unglücklichen, Auskünfte über den Weg einzuholen …«

## Streng verboten!

Damit der massenhafte Touristenandrang nicht aus dem Ruder läuft, hat die Stadtverwaltung strenge Regeln erlassen. Die Gäste müssen sich in Venedig anständig benehmen, sonst drohen hohe Bußgelder (bis 500 €!). Man darf nicht: Tauben füttern, auf dem Markusplatz picknicken, mit nacktem Oberkörper durch die Stadt laufen, die nackten Füße in die Kanäle baumeln lassen, im Schlafsack übernachten. Hunde müssen überall an der Leine geführt werden, Hundekot muss von Herrchen/Frauchen sofort beseitigt werden, auf den Linienbooten ist ein Maulkorb nötig.

Klare Vorschriften betreffen auch die Einheimischen: Die Gondolieri dürfen keine neapolitanischen Lieder mehr schmettern (z. B. »O sole mio«), sondern müssen sich an ein einheimisches und klassisches Repertoire halten. Ob man so etwas mit Bußgeldern regeln soll, ist die Frage. Richtig ist jedoch, dass »O sole mio« in Venedig so viel zu suchen hat wie das Jodeln in Lübeck.

## Kleidung

Italiener legen großen Wert auf elegante Formen und insbesondere die Kleidung. Als äußerst unfein gilt es, in Badekleidung in der Stadt herumzulaufen oder Restaurants (außer Strandcafés) aufzusuchen. In Venedig werden dafür sogar Bußgelder verhängt! In Kirchen sind die Kleidervorschriften besonders streng, vor allem für Frauen. Shorts und schulterfreie Blusen werden meist nicht gern gesehen.

## Hochwasser

In Venedig muss man immer wieder mit Hochwasser rechnen. Viele Straßen und Plätze stehen dann unter Wasser. *Acqua alta* entsteht, wenn zugleich mit dem Gezeitenhub das Meerwasser durch Wind und Luftdruck in die Lagune gedrängt wird. Das ist vor allem dann der Fall, wenn der Scirocco weht, der die ganze Adria von Süden her gleichmäßig bestreicht. Hochwasser ist besonders im Frühjahr und Herbst häufig. In Extremfällen wird dann der Bootsverkehr auf manchen Linien eingestellt, weil nicht mehr alle Brücken unterfahren werden können. Auf vielen Gassen und Plätzen kann man sich nur noch mit Gummistiefeln bewegen. Auf den wichtigsten Verbindungsrouten stellt die Stadtverwaltung allerdings Holzstege auf, die auch mit normalem Schuhwerk passierbar sind. Auf diesen Stegen geht es natürlich nur langsam voran.

Hochwasser wird in der Stadt durch Sirenen angekündigt (meist etwa zwei bis drei Stunden im Voraus). Wasserstandsvorhersagen: Tel. 041 274 87 87, www.comune.venezia.it/maree.

## Enge Gassen

Eines der größten Probleme, die das Alltagsleben des Venezianers behindern, ist die Verstopfung der Wege durch die vielen Besucher. In den engen Gassen entsteht schnell ein ›Verkehrsstau‹, selbst wenn nur drei oder vier Personen den Durchgang blockieren.

Man sollte also darauf achten, dass Passagen für den Durchgang frei bleiben, wenn man etwa Schaufensterdekorationen oder Kirchenportale bestaunt oder ins Gespräch vertieft an einer besonders schönen Stelle stehen

# Schlaglichter und Impressionen

bleibt. Die Einheimischen danken es einem.

## Umweltprobleme

Eine Stadt ohne Autos – müsste die Luft da nicht sauber sein? Das ist leider ein Irrtum: Die Konzentration von Umweltgiften in der Luft ist in Venedig eher höher als in den Nachbarstädten und auch das Wasser der Lagune ist alles andere als sauber. Dafür verantwortlich sind vor allem die ausgedehnten Industrieanlagen des nahe gelegenen Marghera und der intensive Schiffsverkehr. Jährlich fahren etwa tausend große Schiffe in die Lagune ein. Die Motoren von Kreuzfahrtschiffen haben zwischen 40 000 und 120 000 PS, die Umweltbelastung entspricht durchschnittlich derjenigen von 14 000 Pkw auf derselben Strecke. Entsprechend hoch sind insbesondere die Feinstaubbelastung und der Ausstoß von Schwefeldioxyd. Dieses verwandelt sich in der feuchten Atmosphäre der Stadt in Säure, die den Kalkstein der historischen Gebäude angreift. Ein weiterer Negativeffekt des Schiffsverkehrs ist der starke Wellengang. Er unterminiert potenziell die Fundamente der Stadt. Der Kreuzfahrtverkehr in der Lagune hat somit eindeutig negative Umwelteffekte. Er wäre leicht vermeidbar, wenn die Schiffe im offenen Meer vor den Lidi ankerten. Doch ökonomische Gründe sprechen dagegen: Die spektakulär schöne Einfahrt ist ein Highlight jeder organisierten Tour und die Ausflüge der meist wohlhabenden Schiffspassagiere tragen erheblich zum Umsatz venezianischer Geschäftsleute bei.

Ebenso problematisch sind die Umweltwirkungen der petrochemischen Industrieanlagen im nahe gelegenen Marghera. Jahrzehntelang haben sie Wasser und Luft massenhaft mit Umweltgiften belastet. Schwefel- und Stickstoffoxide, Schwermetalle oder Dioxine wurden vielfach illegal entsorgt. Nach mehreren Umweltskandalen und einem spektakulären Prozess von Arbeitern, Umweltorganisationen, der Stadt Vene-

## Daten und Fakten

**Lage:** im Nordosten der italienischen Halbinsel an der Adriaküste. Venedig liegt in der Lagune, einer ausgedehnten Salzwasserfläche, die vom offenen Meer durch lang gestreckte Landstreifen *(Lidi)* getrennt wird.

**Staat und Verwaltung:** Venedig als Verwaltungseinheit umfasst neben dem historischen Zentrum auch die Inseln der Lagune und die benachbarte großstädtische Agglomeration auf dem Festland (Mestre, Marghera, Favaro Veneto, Chirignago). Bürgermeister ist der parteilose Juraprofessor Giorgio Orsoni.

**Bevölkerung:** In der historischen Altstadt, die normalerweise mit der Bezeichnung Venedig gemeint ist, leben offiziell knapp 60 000 Bewohner. Hinzu kommen schätzungsweise rund 20 000 in den Statistiken nicht erfasste Menschen: Studenten und andere Einwohner mit auswärtigem Hauptwohnsitz sowie illegale Einwanderer. Die Einwohnerzahl geht ständig zurück, noch 1950 lag sie bei 200 000.

**Zeitzone:** Mitteleuropäische Zeitzone (MEZ)

**Superlative:** Venedig ist die Stadt mit dem weltweit größten Zustrom ausländischer Touristen. Einschließlich der Tagesausflügler beläuft sich ihre Zahl gegenwärtig jährlich auf gut 12 Mio. (zum Vergleich: Paris 9 Mio., Rom 5,2 Mio.).

## Schlaglichter und Impressionen

**Abgase wie von 14 000 Autos – Kreuzfahrtschiff in der Lagune**

dig und dem Umweltministerium gegen Großbetriebe wie ENI und Edison werden die gesetzlichen Auflagen heute wohl besser befolgt. Zudem wurden viele Produktionsbetriebe in den letzten Jahrzehnten aus wirtschaftlichen Gründen stillgelegt. Aber immer noch wird Venedig stark von den Abgasen der Industriezone belastet.

### Wappen

Seit fast 1000 Jahren ist der Name Venedigs untrennbar mit dem hl. Markus und seinem Symbol, dem Löwen, verbunden. Die Reliquien des Evangelisten waren im 11. Jh. von den Venezianern aus Alexandria geschmuggelt und in der damals neu errichteten Markuskirche untergebracht worden. Der Löwe erinnerte nicht nur an den Besitz der kostbaren Reliquien. Er symbolisierte zugleich auch die Stärke der mächtigen Seerepublik. Das Stadtwappen zeigt einen goldenen geflügelten Löwen auf blauem Grund mit dem aufgeschlagenen Evangelium und den Worten PAX TIBI MARCE EVANGELISTA MEUS (Friede sei Dir, mein Evangelist Markus). Das Wappen wird gekrönt von der traditionellen Kopfbedeckung der Dogen. Auch dieser Dogenhut ist ein Zeichen der Macht.

# Geschichte, Gegenwart, Zukunft

## Versteck auf den Inseln

Die Inseln der venezianischen Lagune wurden erstmalig in der Völkerwanderungszeit besiedelt. Ab dem 5. Jh. zogen sich die Bewohner der Festlandsstädte vor den ständigen Einfällen fremder Heere zunehmend auf die weniger zugänglichen Inseln zurück. Die ersten Nachrichten von einer Ansiedlung am Rialto, im Gebiet des heutigen Venedig, stammen aus dem Jahr 697. Rund hundert Jahre später nahm das Gebiet einen starken wirtschaftlichen Aufschwung und es entwickelte sich ein intensiver Handel mit dem östlichen Mittelmeerraum. Als venezianische Kaufleute 828 die Reliquien des hl. Markus aus Alexandria nach Venedig brachten, stieg das Prestige der Stadt enorm.

## Die große Zeit

Um das Jahr 1000 entwickelte sich Venedig zu einem der wichtigsten Handelszentren im Mittelmeerraum. Es begründete seine jahrhundertelange Herrschaft über Istrien und Dalmatien auf der anderen Seite der Adria. Während des gesamten Mittelalters verstärkte sich die Machtstellung der Venezianer. Im vierten Kreuzzug eroberte und plünderte die venezianische Kriegsmarine 1202 Konstantinopel. Damals erlangte Venedig die Herrschaft über große Teile der griechischen Westküste und der Ägäis. Im Jahr 1209 eroberte Venedig auch Kreta. Die jahrhundertelangen Auseinandersetzungen mit den italienischen Rivalen Pisa und Genua endeten 1380 mit dem definitiven Sieg der Venezianer. Ihre Herrschaft über den Adriaraum war nun unbestritten.

## Am Rand der Weltwirtschaft

Als Ende des 15. Jh. die Seewege nach Amerika und Indien entdeckt wurden, verlagerten sich die internationalen Handelsströme. Nun waren die Länder am Atlantik bevorzugt: zuerst Spanien und Portugal, später Frankreich, die Niederlande und England. In Venedig begann ein allmählicher Niedergang. Die Stadt war zwar immer noch sehr reich. Doch im Welthandel spielte sie keine Rolle mehr. Im 16. Jh. verlor Venedig den größten Teil seiner griechischen Kolonien – darunter Rhodos und Zypern – an die Türken. 1669 eroberte das osmanische Reich auch das bis dahin venezianische Kreta.

## Das Ende der Selbstständigkeit

Die Republik Venedig war der langlebigste Staat in Europa, er hatte über 1000 Jahre lang Bestand. Mit dem Einmarsch Napoleons und der Abdankung des letzten Dogen kam 1797 sein Ende. Im Wiener Kongress wurde die Stadt 1815 dem Habsburgerreich zugeschlagen. Ein Aufstand gegen die österreichische Herrschaft 1848 blieb erfolglos. Seit 1866 gehörte Venedig zum neu entstandenen Königreich Italien. Nach dem Ersten Weltkrieg entstand auf dem Festland am Rand der Lagune das Industriegebiet von Marghera, das verwaltungsmäßig bis heute zu Venedig gehört.

## Mit Augenmaß: neue Architektur

Venedig ist mit guten Gründen architektonisch eine konservative Stadt. Hier gibt es ästhetisch nichts zu ›verbessern‹,

14

## Geschichte, Gegenwart, Zukunft

und jeder Neubau riskiert, das historische Stadtbild zu beschädigen. Nachdem 1996 das historische Opernhaus La Fenice niedergebrannt war, wurde es detailgetreu wieder so errichtet, wie es vorher ausgesehen hatte. Insofern war die Errichtung eines wirklichen Neubaus, der vierten Brücke über den Canal Grande, eine mittlere Sensation. Der spanische Architekt Santiago Calatrava hatte 1996 der Stadt Venedig einen Entwurf für den Bau geschenkt. Preiswert war er trotzdem nicht: Die ständig steigenden Kosten riefen in der Stadt so heftige Proteste hervor, dass die Eröffnungsfeier im September 2008 vorsichtshalber unter Ausschluss der Öffentlichkeit stattfand. Solche Probleme gab es bei einem weiteren großen Bauprojekt der letzten Jahre nicht. Den Umbau der alten Zollstation Punta della Dogana zu einem Ausstellungszentrum moderner Kunst finanzierte der französische Unternehmer und Kunstsammler François Pinault, Architekt war der Japaner Tadao Ando (s. S. 61).

### Zukunftspläne: der Schutz der Lagune

Venedig sinkt seit Jahrhunderten allmählich tiefer und zugleich steigt der Meeresspiegel. Damit verschärft sich das Problem der *acqua alta*, des periodisch auftretenden Hochwassers in der Stadt. Als Schutz dagegen wird gegenwärtig das sogenannte MOSE-Projekt realisiert. An den drei Meereszugängen zur Lagune sollen bis zu 30 m hohe Stahltanks auf dem Meeresboden versenkt werden. Bei Hochflut wird Pressluft in die Tanks gefüllt. Sie richten sich dann in einem Winkel von 45 Grad auf und bilden so einen mobilen Deich gegen das Hochwasser. Geht die Flut zurück, werden die Tanks wieder mit Wasser gefüllt und lagern erneut unsichtbar auf dem Meeresgrund. Das ingeniöse System ist extrem kostspielig und war daher heftig umstritten, zumal manche Kritiker auch Schäden am Ökosystem der Lagune befürchteten – wohl zu Unrecht. Auf jeden Fall werden sich die Arbeiten noch jahrelang hinziehen.

**Auferstanden aus Ruinen – das wieder aufgebaute Opernhaus La Fenice**

15

# Reiseinfos von A bis Z

## Anreise

### ... mit dem Flugzeug

Man fliegt entweder direkt nach Venedig oder in das nahe gelegene Treviso (direkte Busverbindungen nach Venedig, Fahrzeit ca. 60 Min.).

**Aeroporto Marco Polo:** Venedigs Flughafen liegt 10 km nördlich vom Stadtzentrum.

**Information:** Tel. 041 260 92 60, www.veniceairport.it

**Flugverbindungen:** Direkt nach Venedig fliegen Lufthansa (ab Frankfurt/Main und München), Austrian (ab Wien), Swiss (ab Zürich), Easyjet (ab Berlin, Hamburg und Basel), Germanwings (ab Hamburg, Hannover, Köln, Düsseldorf, Berlin) und Air Berlin (ab Berlin und Stuttgart, mit Anschlussflügen zu weiteren deutschen Flughäfen).

**Vom Flughafen ins Zentrum:** Busse der Linie ACTV Nr. 5 fahren in 20 Min. zum Piazzale Roma am Rand der Altstadt (▶ B 4), das Ticket kostet 6 €. Im Linienbus kann man auch die Mehrtageskarten für die Linienboote benutzen (s. S. 25), die in Tabacchi-Läden erhältlich sind. Direkt zum Markusplatz und zu anderen Zielen in der Stadt gelangen die Schiffe der Linie ›Alilaguna‹ (Fahrzeit 60 Min., 15 €). Teuer sind dagegen Taxiboote: Für die Fahrt zum Markusplatz (25 Min.) sind 110 € fällig.

**Aeroporto Canova:** Der Flughafen der Kleinstadt Treviso liegt 40 km nördlich von Venedig.

**Information:** Tel. 042 231 51 11, www.trevisoairport.com

**Flugverbindungen:** Nach Treviso fliegt Ryanair ab Bremen, Düsseldorf-Weeze und Frankfurt-Hahn.

**Vom Flughafen Treviso nach Venedig:** Zu allen Flügen gibt es direkte Verbindungen mit dem Linienbus nach Venedig (Piazzale Roma, ▶ B 4).

### ... mit der Bahn

Aus **Deutschland** gibt es täglich zwei Direktverbindungen (darunter einen Nachtzug) ab München. Günstige Tarife bei frühzeitiger Buchung (ab 92 Tage vor Reisebeginn): ab 49 Euro, im Liegewagen ab 59 Euro. Die Fahrzeit München–Venedig beträgt rund 7 Std. (mit dem Nachtzug 9 Std.). Aus dem südwestdeutschen Raum fährt man über Basel–Mailand (ab Basel 7–8 Std.). Auskunft: Tel. 0180 599 66 33, www.bahn.de.

Aus **Österreich** gibt es direkte Verbindungen ab Innsbruck (s. o. Züge ab München, Fahrzeit 5 Std.). Ab Wien steigt man tagsüber in Villach um (Fahrzeit 8 Std.) oder fährt mit dem direkten Nachtzug (12 Std.). Preise ab 29 Euro Auskunft: www.obb-italia.com.

Aus der **Schweiz** kommend steigt man in Mailand um (tgl. zahlreiche Verbindungen). Die Fahrzeit Zürich–Venedig beträgt rund 7 Std. (www.sbb.ch).

### ... mit dem Auto

Aus dem südwestdeutschen Raum und der Schweiz führt die Strecke über den Gotthard, Mailand, Verona (ab Basel 600 km), aus Bayern über Innsbruck, Brenner, Verona (ab München 550 km), ab Wien über Graz, Villach, Udine (610 km). Die Anreise verläuft ausnahmslos auf Autobahnen.

Die Benutzung der italienischen Autobahnen ist gebührenpflichtig – rund 7 € für 100 km. Bei der Anreise durch

## Reiseinfos von A bis Z

die Schweiz ist die ganzjährig gültige Autobahnvignette fällig (33 €), in Österreich sowohl eine Autobahnvignette (10 Tage 8,50 €, 2 Monate 24,80 €, ein Jahr 82,70 €) als auch die Mautgebühr für die Brenner-Autobahn (einfache Fahrt 8 €).

Autoreisezüge verkehren derzeit noch im Sommerhalbjahr von Hamburg, Hannover, Dortmund, Köln und Neu-Isenburg (bei Frankfurt) nach Verona.

### Parkplätze und Parkhäuser

Parkplätze gibt es in Venedig am Piazzale Roma und auf der Insel Tronchetto. Bewachte Parkhäuser am Piazzale Roma (► B 4) sind die Garage ASM (Tel. 041 272 73 01, www.asmvenezia.it, 26 € für 24 Std.) und die Garage San Marco (Tel. 041 523 22 13, www.garagesanmarco.it, 30 € für 24 Std.). Der Parkplatz Tronchetto (Tel. 041 520 75 55, www.veniceparking.it, 21 € für 24 Std.) wird videoüberwacht. Günstiger parkt man am Bahnhof von Mestre (häufige Zugverbindungen nach Venedig, Fahrzeit 10 Min.) auf dem bewachten Parkplatz ›Serenissima‹ (Viale Stazione 10, Tel. 041 93 80 21, www.sabait.it, 10 € pro Tag, Sa, So, Fei 16 €).

### Einreisebestimmungen

**Ausweispapiere:** Bürger aus der EU und der Schweiz müssen einen gültigen Personalausweis oder Reisepass mitführen. Seit 2012 benötigt jedes Kind, das ins Ausland reist, unabhängig vom Alter ein eigenes Reisedokument. Autofahrer brauchen außerdem den nationalen Führerschein und den Kfz-Schein. Die Mitnahme der internationalen grünen Versicherungskarte ist empfehlenswert.

**Ein- und Ausfuhr:** EU-Bürger brauchen Waren für den Eigenbedarf nicht zu verzollen. Schweizer Staatsbürger dürfen maximal 200 Zigaretten, 1 l Spi-

rituosen oder 2 l Wein pro Person zollfrei ein- und ausführen.

## Feiertage

Erstaunlich: Das katholische Italien hat weniger kirchliche Feiertage als viele andere Länder. So sind beispielsweise Christi Himmelfahrt, Fronleichnam und Pfingstmontag normale Arbeitstage.

**1. Jan.:** Neujahr
**6. Jan.:** Heilige Drei Könige
**Ostermontag**
**25. April:** Tag der Befreiung, Ende des Zweiten Weltkriegs (in Venedig zugleich Fest des hl. Markus)
**1. Mai:** Tag der Arbeit
**2. Juni:** Nationalfeiertag
**15. Aug.:** Mariä Himmelfahrt (Ferragosto)
**1. Nov.:** Allerheiligen
**21. Nov.:** Festa della Madonna della Salute (Feiertag nur in Venedig)
**8. Dez.:** Mariä Empfängnis
**25. und 26. Dez.:** Weihnachten

## Feste und Festivals

**Regata della Befana:** 6. Jan. Zur Feier der *befana*, der guten Hexe, die den italienischen Kindern Geschenke durch den Schornstein bringt, findet auf dem Canal Grande eine Regatta statt, bei der die Ruderer als Hexen verkleidet sind.

**Karneval:** www.carnivalofvenice.com. Jahrhundertelang wurde in Venedig der Karneval intensiv gefeiert, doch mit dem Untergang der Republik 1797 endete die Tradition dieses Festes. Sie wurde erst 1979 wieder belebt. Seitdem hat sich der venezianische Karneval zu einem Ereignis von internationaler Bedeutung entwickelt – allerdings ist er kein Fest der Einheimischen mehr.

# Reiseinfos von A bis Z

Während der Karnevalstage strömen Hunderttausende auswärtiger Besucher in die Stadt. Viele von ihnen sind verkleidet, die meisten kommen als Schaulustige. Wegen der wunderbaren historischen Kostüme und Masken ist der Karneval durchaus sehenswert. Interessant ist oft auch das Veranstaltungsprogramm, dessen Qualität allerdings von Jahr zu Jahr schwankt. Störend ist der ungeheure Besucherandrang – in manchen Gassen kann man sich während der Karnevalszeit kaum noch bewegen.

**Su e Zo per i Ponti:** So im März/April, wechselnde Daten, www.tgseurogroup. it/suezo. Die ›Brücken rauf und runter‹ rennen viele Venezianer bei dem gleichnamigen Volkslauf durch alle sechs Stadtteile.

**Vogalonga:** Anfang/Mitte Mai, wechselnde Zeiten, www.vogalonga.com. Die populäre Regatta steht allen interessierten Ruderern offen. Sie führt über eine Strecke von 32 km durch die Lagune nach Burano und zurück.

**Festa della Sensa:** So nach Himmelfahrt. Zur Erinnerung an die zeremonielle ›Vermählung des Dogen mit dem Meer‹, die zu den Zeiten der venezianischen Republik an Himmelfahrt gefeiert wurde, fahren städtische Würdenträger mit dem Schiff zum Lido. Dort versenkt der Bürgermeister einen Ring im Meer.

**Biennale d'Arte:** alle zwei Jahre im Sommer, www.labiennale.org. Die Kunstbiennale, eine der großen Ausstellungen zeitgenössischer Kunst, findet vor allem in den Länderpavillons der Giardini Pubblici statt, außerdem in Teilen des Arsenals und in der Scuola di S. Giovanni Evangelista.

**Festa del Redentore:** drittes Wochenende im Juli. Das populäre Fest erinnert an das Ende einer Pestepidemie 1576. Am Samstagabend sammeln sich zahlreiche geschmückte Boote auf dem Giudecca-Kanal. Ab 23.30 Uhr findet ein Feuerwerk statt, anschließend wird bis in die frühen Morgenstunden gefeiert. Am Sonntag zieht eine religiöse Prozession auf einer Pontonbrücke von den Zattere zur Redentore-Kirche.

**Internationale Filmfestspiele:** Anfang Sept., www.labiennale.org/en/cinema. Während der zweiwöchigen Mostra Internazionale d'Arte Cinematografica versammelt sich in Venedig Kinoprominenz aus aller Welt. Das Festival findet seinen Abschluss mit der Verleihung des Goldenen Löwen.

**Regata Storica:** erstes Wochenende im Sept., www.regatastoricavenezia.it. Auf eine glanzvolle Prozession historischer Schiffe folgt eine Gondelregatta, bei der die Stadtbezirke und Inseln miteinander konkurrieren.

**Festival für zeitgenössische Musik:** Sept./Okt., www.labiennale.org/en/musica. Das 1930 begründete Festival Internazionale di Musica Contemporanea bietet Konzerte von hervorragender Qualität.

**Venice Marathon:** 4. So im Okt., www.venicemarathon.it. Der Marathonlauf führt am Brenta-Kanal entlang nach Venedig, das Ziel ist der Markusplatz.

**Festa della Madonna della Salute:** 21. Nov. Eine Prozession zieht an diesem Tag über eine Pontonbrücke zur Kirche S. Maria della Salute.

## Fundbüros

**Ufficio oggetti smarriti Ca' Farsetti** (Städtisches Fundbüro): Riva del Carbon, S. Marco 4136 (▶ F 4), Tel. 041 274 82 25.

**Ufficio oggetti smarriti Actv** (Fundbüro der öffentlichen Verkehrsmittel): Biglietteria Actv, Piazzale Roma (▶ B 4), Tel. 041 24 24.

# Reiseinfos von A bis Z

## Geld

Das **Preisniveau** ist in Venedig – im Vergleich zu anderen italienischen Städten, aber auch zu Deutschland und Österreich – recht hoch. Das gilt insbesondere für den touristischen Bereich, also Unterkunft, Restaurants und öffentliche Verkehrsmittel. Generell ist es ratsam, sich – etwa in Cafés und Restaurants – im Voraus über die Preise zu informieren, um unliebsame Überraschungen zu vermeiden.

**Geldautomaten,** an denen man rund um die Uhr mit Maestro- oder Kreditkarte abheben kann, finden sich überall. Die gängigen Kreditkarten werden in fast allen Hotels und Restaurants und den meisten größeren Geschäften akzeptiert.

## Gesundheit

Gesetzlich Versicherte haben in der Regel auf der Rückseite ihrer Versichertenkarte bereits eine ›Europäische Krankenversicherungskarte‹. Sie wird von staatlichen Krankenhäusern und theoretisch auch von Kassenärzten in Italien anerkannt, bei Letzteren läuft das allerdings nicht immer problemlos.

Ohne diese Karte muss man Arztrechnungen direkt bezahlen und anschließend bei der deutschen Versicherung einreichen. Alternativ bietet sich der Abschluss einer privaten Auslandskrankenversicherung an. Allerdings muss man hier die italienischen Arztrechnungen ebenfalls zunächst direkt bezahlen.

Adressen deutschsprachiger Ärzte gibt es bei den Konsulaten (s. S. 23).

**Notfallversorgung:** In Notfällen wendet man sich an die Erste-Hilfe-Station (Pronto Soccorso) des Städtischen Krankenhauses **Ospedale Civile,** Fonda-menta dei Mendicanti (► G 3/4), Tel. 041 529 41 11, Bootslinien 41, 42: Ospedale Civile. Die Adresse der **Apotheken** *(farmacia)* mit Notdienst erfährt man aus der Tageszeitung »Il Gazzettino«, durch Aushänge an den Apotheken sowie im Internet auf www.unospitedivenezia.it (auf ›Night Chemists‹ klicken).

## Informationsquellen

### Staatliche italienische Touristeninformation (ENIT)
www.enit.de

### Informationsbüros im Ausland
**60325 Frankfurt/Main**
Barckhausstr. 10, Tel. 069 23 74 34, frankfurt@enit.it
**1010 Wien**
Mariahilfer Str. 1b / XVI A, Tel. 01 505 16 39, vienna@enit.at
**8001 Zürich**
Uraniastr. 32, Tel. 043 466 40 40, zurich@enit.it

### Touristeninformation in Venedig
www.turismovenezia.it (italienisch und englisch), Tel. 041 529 87 11. Schriftliche Auskünfte:
**Azienda di Promozione Turistica:** San Marco 2637, 30122 Venezia, Fax 041 523 03 99, info@turismovenezia.it
**Informationsbüros:**
– Ferrovia: in der Bahnhofshalle beim Gleis 1 (► B 3)
– San Marco: bei der Bootsanlegestelle Vallaresso (► F 6)
– San Marco: Piazza S. Marco 71 (► F 6)
– Piazzale Roma: in der Garage ASM (► B 4)
– Aeroporto: am Flughafen Marco Polo (► Karte 2)

19

# Reiseinfos von A bis Z

## Im Internet

Venedig ist im Internet außergewöhnlich schlecht vertreten. Die meisten Seiten bringen die immer gleichen banalen Informationen und reichern das Ganze dann mit kommerziellen Tipps an, wobei die Grenze zwischen Werbung und Information meist nicht zu erkennen ist.

Nennenswerte deutschsprachige Websites gibt es kaum.

**Landeskennung Italien:** .it

## Webseiten auf Deutsch

**http://de.turismovenezia.it:** Die offizielle Site des Touristenbüros Venedig bringt alles Wesentliche – aktuelle Veranstaltungen, eine komplette Unterkunftsliste, die Öffnungszeiten etc. Der umfassendste und informativste Venedig-Überblick im Web.

**www.venedig-ebb.blogspot.de:** Interessanter Blog eines Venedig-Kenners mit vielen aktuellen und Hintergrundinformationen.

**www.venedig.net:** Korrekter Überblick über die Stadtteile sowie Architektur, Kunst, Feste und Veranstaltungen.

**http://de.wikipedia.org/wiki/Venedig:** Knappe sachliche Zusammenfassung zu Geschichte, Kultur, Umwelt, berühmten Venezianern u. a.

**www.jc-r.net:** Fast kompletter, kenntnisreicher Überblick über die venezianischen Palazzi, Geschichtsinformationen und Fotos zu 238 Bauten.

## Webseiten auf Englisch

**www.veneziaunica.it/en:** Hier kann man Fahrkarten für die Linienboote und Eintrittskarten im Voraus buchen.

**www.unospitedivenezia.it:** Das venezianische Kulturprogramm mit aktuellen Hinweisen auf Ausstellungen, Konzerte, Theater, Musik-Clubs u. a.

**www.venetia.it:** Etwas Geschichte und ein paar Anekdoten, vor allem zu

## Rolling Venice und City Pass

Unbedingt empfehlenswert für Reisende zwischen 14 und 29 Jahren ist **Rolling Venice.** Die Karte ist ein Jahr gültig, kostet 4 € und dann noch einmal 20 € für ein 3-Tage-Ticket. Sie bietet dafür ermäßigte Preise auf den Linienbooten sowie in zahlreichen Museen, Hotels, Restaurants und Geschäften. Beim Kauf sollte man ein Passfoto dabei haben (ohne Foto gilt die Karte nur in Verbindung mit Personalausweis oder Führerschein). Rolling Venice ist erhältlich bei den Touristenbüros (s. S. 19), an manchen Fahrkartenschaltern der Linienboote sowie im HelloVenezia-Büro am Flughafen Marco Polo (www.veneziaunica.it/en/rollingvenice).

Der Erwerb des **Venezia Unica City Pass** (VeniceCard) lohnt nur, wenn man ein großes Besichtigungsprogramm ins Auge fasst. Er gilt sieben Tage und erlaubt den Eintritt in Dogenpalast und elf kommunale Museen (darunter Museo del Settecento Veneziano, Casa Goldoni, Glasmuseum Murano) sowie 15 Kirchen. Außerdem werden noch einige Zusatzleistungen angeboten, wie die kostenfreie Benutzung öffentlicher Toiletten, ermäßigte Preise bei bestimmten Ausstellungen und die Nutzung der Gepäckaufbewahrung am Piazzale Roma. Der Pass kostet 39,80 €, viele wichtige und interessante Museen sind aber nicht eingeschlossen. **Information und aktuelle Tarife zu allen Karten:** www.hellovenezia.com und www.veneziaunica.it/en, Tel. 041 24 24

## Reiseinfos von A bis Z

den Bauwerken am Markusplatz. Die allgemeinen Informationen sind etwas dünn, aber die Spezialseite »Venetian Boats« ist ausgezeichnet. Und die Kochrezepte sehen verlockend aus. (Für beides auf »Other Sites« klicken.)

### Website auf Italienisch

**www.venessia.com:** Der amüsanteste Venedig-Auftritt im Internet ist pfiffig und unterhaltsam gestaltet. Es dominieren Alltagsthemen wie Hochwasser, kulinarische Mythen, Tourismus u. a.

# Kinder

### Leben auf dem Wasser

Eine Stadt ohne Autoverkehr, in der man sich zu Fuß und mit dem Schiff bewegt, ist schon durch ihre Anlage kinderfreundlich. Überall in Venedig gibt es für Kinder ebenso wie für die Erwachsenen Ungewohntes und Interessantes zu entdecken: eine Welt, deren Leben sich zum guten Teil auf dem Wasser abspielt.

Mit ganz kleinen Kindern jedoch kann Venedig beschwerlich sein. Kinderwagen muss man immer wieder über Brücken tragen oder schieben – das wird auf Dauer mühsam und man transportiert die Kleinen besser in Rucksack oder Tragetuch. Auf den in der Saison oft überfüllten Linienbooten finden Kinderwagen manchmal keinen Platz. Und sobald die Kleinkinder laufen, haben sie überall gute Chancen, ins Wasser zu fallen.

### Spielen

Kinderspielplätze gibt es in Venedig nicht – nur ein paar Schaukeln in den Giardini Pubblici (s. S. 83, ► K 7), die auch sonst für eine Ruhepause mit den Kleinen geeignet sind; immerhin findet man hier etwas Grün. Außerdem sind

hier die Chancen gut, dass die Kinder Spielkameraden finden – die Giardini Pubblici werden gerne von den Einheimischen mit ihrem Nachwuchs aufgesucht. Auch in der Stadt sind einige Plätze zum Spielen geeignet. Vor allem der große Campo di San Polo (► D 4) zieht einheimische Eltern und Kinder an.

### Besichtigen

Speziell für Kinder und Jugendliche interessante Attraktionen sind das Dinosaurierskelett und das Aquarium im Museo di Storia Naturale (s. S. 82), die Schiffsmodelle und Ausrüstungsgegenstände im Museo Storico Navale (s. S. 82), die Museen Ca' Rezzonico (s. S. 82) und Palazzo Mocenigo (s. S. 81), in denen man nacherleben kann, wie prunkvoll früher die venezianischen Adelsfamilien lebten; der Blick von den Türmen auf die Stadt, insbesondere von San Giorgio Maggiore (s. S. 63) und vom Campanile des Markusdoms (s. S. 31); der lebendige Fischmarkt an der Rialto-Brücke (s. S. 44).

### Essen gehen

Wie überall in Italien: mit Kindern kein Problem. Die kleinen Gäste werden meist freundlich behandelt, und wenn sie mal etwas lauter werden oder im Lokal herumlaufen, stört das – zumindest in einfacheren Trattorien – niemanden. Kindermenüs allerdings gibt es nicht. Wer mit der ganzen Familie günstig essen will, sucht eine Pizzeria auf.

### Glasbläser

Glasbläsern bei der Arbeit zuzuschauen gefällt den meisten Kindern. Man muss dazu nicht unbedingt nach Murano fahren (s. S. 69). In Venedig findet man gelegentlich Geschäfte, wo während des Verkaufsbetriebs Glasobjekte hergestellt werden, z. B. im Glasladen von Fabio Calchera, S. Polo 2586, Rio Terrà

21

## Reiseinfos von A bis Z

dei Frari in der Nähe der Frari-Kirche (▶ F 8).

**Lido**
Bei gutem Wetter immer interessant: der Ausflug an den Strand (s. S. 24, Schwimmen).

## Klima und Reisezeit

Venedig kann man ganzjährig besuchen. Klimatisch sind die Monate April bis Juni und September/Oktober am angenehmsten. Im Juli und August kann es sehr heiß werden, im Winter ist es oft kühl und feucht. Aber die Zeit von November bis März bietet – außer in den Weihnachtsferien und während des Karnevals – den großen Vorteil, dass der Touristenandrang gering ist. Zudem sind die Hotelpreise dann wesentlich niedriger als in der Saison. Von April bis Oktober herrscht in Venedig immer großer Touristenandrang, vor allem an Ostern und an den Wochenenden um den 25. April (Nationalfeiertag) und den 1. Mai ist die Stadt oft stark überlaufen.

**Klimadiagramm Venedig**

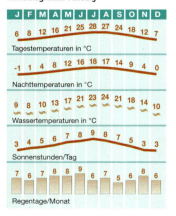

**Wetterauskunft:** www.wetteronline.de/Italien/Venedig.htm

## Öffnungszeiten

**Geschäfte:** Die Öffnungszeiten variieren je nach Jahreszeit und Branche. Als Faustregel kann man Mo–Sa 9–12.30 und 16.30–19 Uhr annehmen. Lebensmittelgeschäfte öffnen oft schon um 7.30 Uhr. Viele Läden sind Mo vormittags geschlossen, manche So und Fei geöffnet.
**Restaurants:** normalerweise von ca. 12.30–14/14.30, 19/19.30–22 Uhr.
**Banken:** Mo–Fr 8.30–13.15, 14.45–15.45 Uhr.
**Postämter:** in der Regel 8.30–13 Uhr.
**Museen:** Fast alle Museen sind am 25. Dez., 1. Jan. und 1. Mai geschlossen, einige auch am Ostersonntag und 15. Aug.
**Kirchen:** Mo–Sa 10–17 Uhr, sofern bei der Beschreibung nicht anders angegeben. Sonntag vormittags sind alle venezianischen Kirchen für Besucher geschlossen.

## Rauchen

In allen Restaurants und Bars herrscht Rauchverbot. Es wird konsequent befolgt!

## Reisen mit Handicap

Stadtpläne mit eingezeichneten rollstuhlgerechten Brücken und Routen erhält man bei den Touristenbüros. Hier bekommt man auch Schlüssel für die Benutzung der Aufzüge an den Brücken. Die meisten wichtigen Bootslinien (1, 2, 12, 17) sind mit dem Rollstuhl zugänglich. Das Ticket für eine Person im Roll-

Reiseinfos von A bis Z

## Sicherheit und Notfälle

Venedig ist eine friedliche Stadt. Es gibt hier praktisch keine Gewaltkriminalität, auch wenn Donna Leons erfolgreiche Kriminalromane einen anderen Eindruck erwecken. Taschendiebstähle allerdings kommen häufig vor. In jedem Gedränge – vor allem auf den oft überfüllten Booten – sollte man sich besonders vorsehen. Stellt man das Auto unbewacht auf der Parkplatzinsel Tronchetto ab, empfiehlt es sich, möglichst alle Wertsachen aus dem Wagen zu räumen.

**Wichtige Notrufnummern**
**Polizei:** Tel. 113, **Feuerwehr:** Tel. 115, **Pannenhilfe:** Tel. 116.
**Unfall/Erste Hilfe/Krankentransport:** Tel. 118.
**Kredit- und Maestro-Karten sperren:** Tel. 00 49 116 116 oder 00 49 40 50 40 50.

**Konsulate**
**Konsulat der Bundesrepublik Deutschland:** Fondamenta Condulmer, S. Croce 251 (▶ B 4), Tel. 041 523 76 75, Fax 041 244 84 69, venedig@hk-diplo.de, Mo–Fr 9–13 Uhr.
**Österreichisches Konsulat:** Fondamenta Condulmer, S. Croce 251 (▶ B 4), Tel. 041 524 05 56, Fax 041 524 21 51, consolato.austria@zoppas.com, Mo–Do 10–12 Uhr.
**Schweizer Konsulat:** Campo S. Agnese, Dorsoduro 810 (▶ D 7), Tel. 041 522 59 96, Fax 041 244 38 63, venezia@honrep.ch, Mo–Fr 10–13 Uhr.

stuhl kostet auf den Linienbooten nur 1,50 €, die Begleitperson fährt umsonst.

Folgende Geschäfte in Venedig verleihen leichte, zusammenklappbare **Rollstühle:** Sanitaria ai Miracoli (▶ F 4), Cannaregio 6049, Campo S. Maria Nuova, Tel. 041 520 35 13; Sanitrans (▶ C 3), Cannaregio 1091/A, Calle dei Dorotei, Tel. 041 523 99 77.

Leider gibt es in Venedig nur wenige behindertengerechte Hotels; daher weicht man besser ins benachbarte Mestre aus.
**Informationsstelle der Stadtverwaltung:** Città per Tutti, Ca'Farsetti, San Marco 4136 (Besucherverkehr nur Do 9–13 Uhr), Tel. 041 274 81 44 (Di, Fr 9–12, Do 9–13 Uhr) und 041 965 54 40 (Mi 9–13 Uhr), cittapertutti@ comune.venezia.it.

## Sport und Aktivitäten

### Fitness und Wellness
**Palestra Club Delfino:** ▶ D 7, Dorsoduro 788/A, Fondamenta delle Zattere, Tel. 041 523 27 63, www.palestraclub delfino.com, Mo–Fr 9–22, Sa 9–12 Uhr, Bootslinien 2, 51, 52: Zattere. Dieses Fitness- und Gesundheitscenter steht auch Besuchern der Stadt offen: Geräte für Kardio-Training, Muskelentspannung und Stretching; daneben gibt es ein Solarium und die Möglichkeit, sich massieren zu lassen. Die Tageskarte schlägt mit 14 €, die Wochenkarte mit 44 € zu Buche.

### Joggen
Am besten geeignet sind die langen Uferpromenaden: Riva degli Schiavoni

## Reiseinfos von A bis Z

(etwa ab S. Zaccaria, im Abschnitt bei San Marco sind zu viele Fußgänger unterwegs) – Riva di Ca'di Dio – Riva dei Sette Martiri – Giardini Pubblici, Giudecca von der Haltestelle Zitelle bis Mulino Stucky, der Lido. Am besten frühmorgens, tagsüber kann es – je nach Saison – auch mal voller werden.

### Radfahren

Gut geeignet zum Radfahren sind die lang gestreckten Landstreifen der Lidi. Eine schöne Tour führt z. B. von Santa Maria Elisabetta (der Anlegestelle der Boote, die von San Marco kommen) bis zum Fischerdorf Pellestrina und zurück (insgesamt rund 35 km, s. S. 85). Zum Teil kann man hier, mit guter Aussicht aufs Meer, auf den Dämmen fahren.

**Fahrradverleih:** Lidoonbike, Lido, Gran Viale 21/B, Tel. 041 526 80 19, www.lidoonbike.it; Venicebikerent, Lido, Gran Viale 79/A, Tel. 041 526 14 90, www.venicebikerental.com.

Beide Verleiher haben tgl. von 9–19.30 Uhr geöffnet.

### Schwimmen

**Strände:** Die lang gestreckten Strände des Lido sind im Sommer nur zum kleineren Teil frei zugänglich. Ein Teil gehört Hotels und ist für deren Gäste reserviert, an anderen Stränden zahlt man hohe Eintrittspreise. Kostenlos baden kann man am südlichen Ende des Lido in Alberoni (erreichbar ab Lido-Santa Maria Elisabetta mit Buslinien B und C) und am nördlichen Rand in San Nicolò (Buslinie B).

**Piscina Sacca Fisola:** Tel. 041 528 54 30, Bootslinien 2, 4.1 und 4.2: Sacca Fisola, Eintritt 6,50 €. Dieses städtische Schwimmbad auf der Giudecca-Insel hat häufig wechselnde Öffnungszeiten; der Eintrittspreis gilt jeweils für einen Zeitraum von 90 Min.

## Telefon und Internet

Die frühere Ortsvorwahl (für Venedig 041) ist inzwischen fester Bestandteil der Rufnummer. Sie wird also auch bei Ortsgesprächen mitgewählt.

Bei Telefonaten aus Italien nach Deutschland (Vorwahl 00 49), Österreich (Vorwahl 00 43) und in die Schweiz (00 41) entfällt die erste 0 der Ortsvorwahl.

Bei Telefonaten aus dem Ausland nach Italien (Vorwahl 00 39) wird die italienische Rufnummer vollständig (d. h. bei Festnetznummern einschließlich der ersten 0) gewählt.

**Auskunft:** national und international Tel. 12 54.

**Internetnutzung** ist in zahlreichen Hotels möglich, außerdem findet man in der Stadt leicht Internet-Cafés und -Shops.

## Der Umwelt zuliebe – nachhaltig reisen

**www.zukunft-reisen.de:** Das Portal des Vereins Ökologischer Tourismus in Europa erklärt, wie man ohne Verzicht umweltverträglich und sozial verantwortlich reisen kann.

**www.respect.at:** »Reisen mit Respekt« fordert die österreichische Organisation und informiert umfassend über faires Reisen, die Info-Check-Hefte konzentrieren sich auf Schwerpunktthemen wie angemessene Kleidung auf Reisen oder den Umgang mit Armut.

# Reiseinfos von A bis Z

## Stadtführungen

Auf deutsch geführte **Stadtrundgänge** werden vom Touristenbüro und einigen spezialisierten Agenturen angeboten. Das Touristenbüro bietet eher Standardführungen wie »Venedig entdecken« (Auskunft in den Informationsstellen, vgl. S.19). Speziellere, auf bestimmte Themen bezogene Rundgänge organisieren die Agenturen TURIVE, S. Marco 4526/a, Corte Lavazzera, Tel. 041 241 34 22, www.turive.it/?lang=de (z. B. »Venezianische Genüsse«) sowie (auf englisch) Avventure Bellissime, S. Marco 1063, Calle dei Fabri, Tel. 041 97 04 99, www.tours-italy.com (z. B. »Venice Ghost Walking Tour«, »The Hidden Venice«).

## Unterwegs in Venedig

### Vaporetti

Das Liniennetz in Venedig ist dicht (s. Cityplan). Auf den wichtigen Strecken fahren die Linienboote in kurzem Abstand. Die wichtigsten Linien sind die 1 und 2 zwischen Piazzale Roma, Rialto und San Marco. Die 1 hält an jeder Haltestelle, die schnellere 2 seltener. Von San Marco fährt die 1 weiter zum Lido.

Die Nachtlinie ›N‹ verbindet Piazzale Roma, Rialto, San Zaccaria und den Lido. Rund um die Altstadt fahren die Linien 4.2, 5.2 (im Uhrzeigersinn), 4.1, 5.1 (gegen den Uhrzeigersinn), dabei erreichen die Linien 4.1, 4.2 auch Murano, die Linien 5.1, 5.2 auch den Lido. Nach Burano und Torcello gelangt man mit der Linie 12. Die 17 transportiert Autos von der Parkplatzinsel Tronchetto zum Lido.

**Preise:** einfache Fahrt 7 €; 12-Stunden-Ticket 18 €, 24 Std. 20 €, 36 Std. 25 €, 48 Std. 30 €, 72 Std. 35 €, 7 Tage 50 €. Kinder bis zu vier Jahren fahren umsonst, ältere Kinder zahlen den vollen Preis (vgl. aber Rolling Venice, S. 20).
**Informationen:** Tel. 041 24 24, www.hellovenezia.com.

### Taxiboote

Fahrten mit den *motoscafi* sind teuer. Innerhalb der Stadt kosten sie (beispielsweise vom Bahnhof zur Piazza San Marco oder von San Marco zum Lido) jeweils 60 Euro, auch für kleine Strecken. Die Fahrt zum Flughafen kostet 110 Euro. Dazu kommen Zuschläge für mehr als vier Personen, nachts, an Sonn- und Feiertagen, für Gepäck und Wartezeiten.

Man sollte sich nur offiziell zugelassenen Booten anvertrauen – erkennbar an dem gelben Streifen mit der Aufschrift ›Comune di Venezia‹.
**Taxiruf:** Tel. 041 522 23 03 und 041 240 67 41.

### Gondeln

Standplätze der *gondole* finden sich vielerorts am Canal Grande, aber auch anderswo. Eine Spazierfahrt von 30 bis 40 Min. Dauer kostet 80 €. In den Gondeln haben bis zu sechs Personen Platz.

### Traghetti

Eine preiswerte Gondel-Erfahrung kann man mit den *traghetti* machen. Diese Gondelfähren überqueren an mehreren Stellen in wenigen Minuten den Canal Grande. Man fährt allerdings im Stehen auf schwankendem Boot. Traghetti verkehren bei San Marcuola, zwischen dem Rialto-Fischmarkt und Santa Sofia, bei San Tomà und Santa Maria del Giglio.

# 15 x Venedig direkt erleben

Am Markusplatz schlägt das Herz Venedigs, trotz allen Gedränges bleibt er ein magischer Ort. Hier können die Stadtspaziergänge beginnen, die dann auch in versteckte Gassen und Viertel führen.

# 1 | Der »schönste Salon der Welt« – Piazza San Marco

**Karte:** ▶ F/G 5/6 | **Bootslinien:** 1, 2: San Marco/Vallaresso, San Zaccaria-Daniele, 4.1, 4.2, 5.1, 5.2: San Zaccaria | **Stadtteil:** San Marco

**Unbestritten der Mittelpunkt Venedigs: Hier herrscht ständig Hochbetrieb. Die Touristen fotografieren, die Tauben gurren, die Musikkapellen der Traditionscafés spielen, und über allem erhebt sich strahlend der Markusdom. Trotz des Gedränges immer wieder ein Erlebnis.**

»Den schönsten Salon der Welt« hat Napoleon die **Piazza San Marco** einst genannt – und sie gleich noch dadurch ›verschönert‹, dass er die alte Kirche San Geminiano an der Westseite abreißen ließ. Das ist inzwischen längst vergessen, ebenso wie der Einsturz des Campanile am 14. Juli 1902. Der Glockenturm wurde originalgetreu wieder aufgebaut, *dov'era, come'era* (›wo er war, wie er war‹). Unbeschadet sind die historischen Cafés durch die Jahrhunderte gelangt, und ihre Musiker lassen mit Tik-Tak-Polka und Astor Piazzolla die Zeit still stehen. Durch die Akkordeon- und Geigentöne dringt das Gurren der Tauben, die sich aufführen, als gehöre ihnen der Platz. Nicht zu Unrecht: Sie bleiben da, die Touristen gehen wieder.

### Fast immer Hochbetrieb

Gewiss, auf dem Markusplatz ist es oft unerträglich voll. Das Lästern über die anderen Touristen gehört zur Geschichte Venedigs. Über die vielen Mitreisenden darf man sich hier nicht aufregen, sie gehören zum Platz ebenso wie die Tauben, die Musik und die großartige Architektur. Ruhig wird es hier nur in der Nacht oder im Winter zwischen

# 1 | Piazza San Marco

November und Januar. Dann kann man es schon mal erleben, dass man ganz allein über die weite Piazza läuft: ein Venedig-Erlebnis mit Seltenheitswert.

## Edle Bürobauten

Die lang gestreckten Gebäude an den Längsseiten des Markusplatzes dienten ursprünglich den Verwaltungsbeamten des venezianischen Staates. Die **Alten Prokuratien** [1] (Procuratie Vecchie) an der Nordseite wurden erstmalig im 12. Jh. errichtet; der heutige Bau stammt aus dem 16. Jh. Etwas früher entstand der **Uhrturm** [2] (Torre dell' Orologio), unter dem man in die Einkaufsstraßen Mercerie gelangt. Gegenüber erstrecken sich die von 1583 bis 1640 erbauten **Neuen Prokuratien** [3] (Procuratie Nuove).

## Die Markuskirche [4]

Goethe verglich die ungewöhnliche Kirche spöttisch mit einem »großen Taschenkrebs«. Andere Besucher zeigten sich fasziniert von der Vielfalt der Farben und Formen des Monuments, z. B. Theodor Fontane: »Es verlohnt sich tausend Meilen zu reisen, um dies ein Stunde zu sehen. So kolossale Sachen, die in einem Jahrtausend geworden, gewachsen, gemodelt sind, liegen über alle Kritik hinaus.« In Europa gibt es keinen vergleichbaren Bau mit einer solchen Vielfalt der Stile. Die Pferdeskulpturen an der Fassade (heute stehen hier Kopien) sind antik, die Architektur ist romanisch, die Ornamentik gotisch, die Mosaiken, die Kuppeln und viele Ausstattungsgegenstände gehen auf griechische und byzantinische Einflüsse zurück. Das Wahrzeichen der Stadt wurde erst 1807 zur Bischofskirche geweiht. Bis dahin diente der Repräsentationsbau als Kirche des venezianischen Staates und der Dogen.

Schon 829 hatten an dieser Stelle zwei Vorläuferbauten gestanden. Die heutige Kirche wurde ab 1063 errichtet. Sie sollte ein würdiger Aufbewahrungs-

**Der Markuslöwe und der hl. Theodor bewachen den Zugang zum Markusplatz**

# 1 | Piazza San Marco

**Nicht so alt, wie er aussieht – der Campanile stammt aus dem Jahr 1902**

ort für die Reliquien des hl. Markus werden, die die Venezianer aus Ägypten geschmuggelt hatten.

In der Saison muss man manchmal lange anstehen, um in die Kirche hineinzukommen; der Andrang ist groß, und auch in dem eindrucksvollen Innenraum geht es gedrängt zu. Schon in der **Vorhalle** beginnt der großartige Zyklus von Mosaiken, mit denen die gesamte Kirche geschmückt ist. Diese Meisterwerke entstanden zum größten Teil im 12. und 13. Jh. Sie nehmen mehr als 4000 m² Fläche ein. Anschaulich erzählen sie Geschichten des Alten und Neuen Testaments – eine riesige Bilderbibel auf goldenem Grund.

Bei einem Rundgang im **Innenraum** weiß man gar nicht, wohin man zuerst schauen soll, so reich ist die Kirche geschmückt. Viele Ausstattungsstücke stammen aus Konstantinopel, das 1204 von der venezianischen Flotte gründlich geplündert wurde. Dass ihre Staatskirche mit gestohlener Kunst verziert war, kümmerte die Venezianer wenig – schließlich war es schon beim ›Erwerb‹ der kostbaren Markus-Reliquien nicht ganz korrekt zugegangen.

Über 2600 Säulen aus den verschiedensten Materialien stehen in der Kirche und überall stößt man auf die Gräber von Dogen. Von der Porphyrkanzel zeigte sich früher der neu gewählte Doge erstmals dem Volk. Unter dem Hauptaltar befindet sich die Urne mit den Reliquien des hl. Markus. Dahinter steht die kostbare Altartafel **Pala d'Oro**. Sie wurde 1342 aus verschiedenen Goldschmiedearbeiten des 10. bis 14. Jh. zusammengesetzt. Zu ihren besten Zeiten war sie mit 1300 Perlen, je 300 Smaragden und Saphiren, 200 anderen Edelsteinen und 80 Goldemailplatten bestückt. Heute sind nicht mehr alle Juwelen an ihrem Platz, eine ganze Reihe wurde von den Truppen Napoleons geraubt. In der linken Chorkapelle

## 1 | Piazza San Marco

finden Sie das schon immer hoch verehrte, als wundertätig angesehene Bild der »Madonna Nicopeia«.

Von der Vorhalle aus erreicht man über eine Treppe die **Galerie** (Museo di S. Marco ). Hier oben können Sie eine Reihe von Mosaiken aus der Nähe betrachten. Außerdem sind hier die antiken Bronzepferde ausgestellt, die sich früher an der Außenfassade befanden. Inzwischen wurde draußen eine Kopie aufgestellt – das Original leidet zu sehr unter der Luftverschmutzung. Unbedingt lohnend ist der schöne Blick von der Aussichtsplattform über den Markusplatz. Man überblickt die gesamte Platzanlage und fühlt sich dem unten herrschenden Trubel enthoben. Das kleine Museum des **Tesoro** (Kirchenschatz) von San Marco beherbergt kostbare Gegenstände der Kleinkunst: Goldschmiede- und Emailarbeiten, Reliquienbehälter oder byzantinische Reliefikonen. Vieles davon wurde beim Überfall der Venezianer auf Konstantinopel 1204 erbeutet.

### Der Glockenturm

Der 98 m hohe **Campanile** `5` steht frei gegenüber vom Markusdom. Obwohl er gerade einmal gut hundert Jahre alt ist – und damit das jüngste Gebäude am Platz – passt er perfekt in das historische Gesamtbild der Umgebung. Es handelt sich um eine präzise Kopie des Vorgängerbaus, der 1902 zusammengebrochen war, übrigens ohne

**Übrigens:** Wenn Sie bereit sind, eine Weile anzustehen, können Sie mit dem Fahrstuhl auf den Campanile fahren. Ich ziehe die Fahrt auf den Glockenturm von San Giorgio Maggiore vor (s. S. 63): Dort herrscht weniger Andrang, und der Blick über die Stadt ist noch schöner.

dass dabei Menschen zu Schaden kamen. Zehn Jahre später entstand der Campanile, wie wir ihn heute sehen.

### Öffnungszeiten

**San Marco** (Kirche und Galerie): www.basilicasanmarco.it, 9.45–17, So, Fei 14–17 Uhr, Eintritt Kirche frei, Galerie 5 €, Rucksäcke/Taschen vor dem Besuch der Kirche abgeben.
**Pala d'Oro/Tresoro:** 9.45–17 (Nov.–Ostern 9.45–16), So, Fei 14–16 Uhr, Pala d'Oro 2,50 €, Tresoro 3 €.
**Glockenturm:** Ostern–Juni, Okt. 9–19, Juli–Sept. 9–21, Nov.–Ostern 9.30–1 5.45 Uhr, 12 €.
**Uhrturm** (Torre dell'Orologio): Führung nach Voranmeldung, Tel. 84 808 20 00, aus dem Ausland (0039) 041 42 73 08 92, 12 €.

### Kaffeehäuser mit Tradition

Der Markusplatz ist wahrscheinlich der Ort, an dem zum ersten Mal in Europa Kaffee getrunken wurde, denn venezianische Kaufleute waren im frühen 17. Jh. die ersten, die Kaffeebohnen nach Europa brachten. Das 1720 eröffnete **Caffè Florian** `1` (Piazza San Marco 56, www.caffeflorian.com, tgl. 9–24 Uhr) ist eines der traditionsreichsten und berühmtesten Kaffeehäuser der Welt. Seit fast 300 Jahren hat kaum ein Venedig-Gast von Rang auf seinen Besuch verzichtet, ob es sich nun um Goethe handelte oder die Künstler, Schauspieler und Regisseure, die heute zu Biennale und Filmfestspielen kommen. Allein wegen der Einrichtung (Spiegel, Holzmalerein, plüschige Samtbänke) sollte man hineinschauen. Fürs Portemonnaie ist der Ausflug allerdings nicht ohne, und wenn die Musik spielt, kommt noch ein Aufschlag hinzu.

# 1 | Piazza San Marco

Nicht viel preisgünstiger, aber ebenso vornehm ist das **Gran Caffè Quadri** 2 (Piazza San Marco 120, www.quadrivenice.com, tgl. 9–24 Uhr) an der anderen Platzseite. Im 19. Jh. war es das Stammcafé der österreichischen Besatzer und wurde von den Einheimischen boykottiert. Das ist lange vorbei, aber die hübsche Einrichtung und vor allem die Musikkapelle lassen noch immer Wiener Töne anklingen. Es gibt hier sogar Kipferl, die allerdings zu *chifel* italienisiert wurden. Das dritte historische Café am Platz, das **Lavena** 3 (Piazza San Marco 133, tgl. 9.30–24 Uhr), ist genauso alt, aber nicht ganz so berühmt wie die beiden anderen. Die Lage ist ebenso gut, der Kaffee ausgezeichnet und die Preise sind gemäßigter als bei der Konkurrenz.

### Florian light
Für einen Cappuccino mit Musikbegleitung wird man im Florian leicht 15 € los! Von den Superpreisen braucht man sich nicht abschrecken zu lassen: Wer auf einen Sitzplatz verzichtet und seinen Kaffee an der Bar einnimmt, schnuppert die Atmosphäre des historischen Treffpunkts und zahlt ›al banco‹ nur einen Bruchteil des Preises ›al tavolo‹ (Espresso 2,50 €, Cappuccino 4 €).

### Luxusbummel
In der Nähe des Markusplatzes befinden sich einige der traditionsreichsten Geschäfte der Stadt. **Bevilacqua** 1 (Fondamenta Canonica 337) beliefert seit 1710 die Machthaber der Welt – von Habsburgerkaisern zu amerikanischen Präsidenten – mit kostbaren Stoffen. Handgearbeitete Spitzen und Gewebe zu gehobenen Preisen bekommt man auch bei **Kerer** 2 (Calle Canonica 4328/A). **Venini** 3 (Piazzetta dei Leoncini 314), einer der bekanntesten Betriebe seiner Branche, verkauft interessante zeitgenössische Glaskunstwerke. Für Normalverbraucher eher zugänglich ist **Studium** 4 (Calle della Canonica 537). Hier gibt es Venedig-Literatur in vielen Sprachen: eine reiche Auswahl an englisch- und französischsprachigen Büchern, aber auch zahlreiche deutsche Titel.

**Wiener Töne lässt die Musikkapelle vor dem Gran Caffè Quadri erklingen**

## 2 | Im Zentrum der Macht – der Dogenpalast

**Karte:** ▶ F/G 5/6 | **Bootslinien:** 1, 2: San Marco/Vallaresso, San Zaccaria-Danieli, 4.1, 4.2, 5.1, 5.2: San Zaccaria | **Stadtteil:** San Marco

**Das Zentrum einer Weltmacht: Hier residierte der Doge und hier tagten alle wichtigen Gremien der Stadt, deren Kaufleute jahrhundertelang den Mittelmeerhandel beherrschten. Entsprechend aufwendig ist der repräsentative Bau gestaltet, mit einer wunderschönen Fassade und kostbar ausgestatteten Prunkräumen im Innern. Die düsteren Gefängnisräume zeigen die unerfreuliche Kehrseite der Macht.**

Ursprünglich war der Sitz des Dogen eine ganz von Wasser umgebene Burg an der gleichen Stelle wie der heutige **Dogenpalast** 1. Im 14. Jh. nahm das Gebäude seine heutige Gestalt an, die meisten erhaltenen Bauteile wurden in dieser Zeit errichtet. Allerdings führte 1577 ein Brand zu schweren Schäden, sodass viele Räume anschließend von Grund auf erneuert wurden.

### Begeisternde Fassade

Die Fassade des Dogenpalasts hat die Venedig-Besucher seit jeher fasziniert. Das architektonische Meisterwerk scheint allen Regeln der Statik zu widersprechen, denn das massive Mauerwerk der Wände lastet auf einem durchbrochenen, luftigen unteren Bauteil. Doch die raffinierte, fast teppichartige Musterung des Gebäudes nimmt ihm jede Schwere, es schwebt gleichsam auf den tragenden Säulen. Der Dogenpalast symbolisiert damit die Bautechnik, die überall in Venedig angewandt wurde. Überall stehen ja die Palazzi, Häuser und Kirchen auf in die Lagune getriebenen Holzpfählen: schwere Bauten auf stabilen vertikalen Stützen.

### Bauen in Venedig

Unter dem flachen Wasser der Lagune befinden sich eine Schlammschicht und darunter, aus Flussablagerungen, ein

33

## 2 | Dogenpalast

**Machtvolle Kombination – Doge und Markuslöwe**

etwa 1 m dicker Schwemmgrund, dem sich in der Tiefe ein tragfähiger Sand- und Tonuntergrund anschließt. Die Bauten der Stadt stehen auf Lärchen- oder Eichenpfählen, die so tief in den Boden getrieben wurden, dass ihre Spitze gerade noch aus den Schwemmablagerungen hervorschaut. Darüber legte man einen Rost aus kreuzweise verbundenen Lärchenstämmen. Bei großen Palazzi und Kirchen folgten darauf Grundmauern aus Kalkstein, die bis einige Fuß über dem höchsten Wasserstand hochgezogen wurden. Bei einfachen Häusern verwendete man stattdessen Bruchsteine.

Die Rialto-Brücke steht auf rund 12 000 Pfählen, für die Salute-Kirche benötigte man rund 176 000 Stämme! Die Fundamente werden durch das Gewicht der Gebäude ungleichmäßig zusammengepresst. Um den daraus resultierenden unregelmäßigen Setzungen entgegenzuwirken, legte man horizontale Lagerhölzer in das Mauerwerk. In manchen Kirchen sieht man noch heute Ankerhölzer, welche die Wände untereinander verbinden. In die venezianische Architektur haben so Techniken des Schiffbaus Eingang gefunden.

### Prunkvolle Räume

Man betritt den Dogenpalast durch die reich verzierte **Porta della Carta.** Hier wurden die staatlichen Verordnungen ausgehängt, zwischen den beiden roten Säulen in der Nähe die Todesurteile verkündet. Im Innenhof führt die **Scala dei Giganti** in das erste Stockwerk. Die Statuen des Neptun und des Mars an ihrem oberen Ende symbolisieren die See- und Landherrschaft Venedigs. Die **Scala d'Oro** (Goldene Treppe) führt weiter zu den prunkvoll ausgestatteten Amts- und Repräsentationsräumen. Das komplizierte Regierungssystem der Republik Venedig diente dazu, die Herrschaft der Aristokratie über die Mittel- und Unterschichten zu sichern und zugleich das Machtgleichgewicht unter den Familien der Oberschicht zu bewahren. Es gab zahlreiche Selbstverwaltungsgremien, die jeweils in unterschiedlichen Räumen tagten. Im Großen Rat waren alle über 25-jährigen Männer der herrschenden Schicht ver-

## 2 | Dogenpalast

treten, insgesamt rund 1500 Personen. Das eigentliche Machtzentrum war der aus rund 300 Männern bestehende Senat. Das kleinere Collegio bereitete die Senatsbeschlüsse vor, die Signoria mit dem Dogen und neun weiteren Mitgliedern bildete die Regierung. Dazu kam der gefürchtete ›Rat der Zehn‹, der Verschwörungen verhindern sollte.

Die Amtsräume sind überreich mit Bildern venezianischer Maler geschmückt – in so großer Menge, dass man sich leicht davon erschlagen fühlt. Schon 1740 bemerkte der französische Reisende Charles de Brosses ironisch in seinem Tagebuch: »Mit den Tintorettos ist überhaupt kein Fertigwerden, ich habe mich darauf beschränkt, ein gutes Tausend seiner Hauptwerke zu betrachten.« Bei einer Reihe von Meisterwerken lohnt es allerdings, genauer hinzusehen. Herausragend sind die mythologischen Bilder von Jacopo Tintoretto in der **Sala del Anticollegio,** (Merkur und die drei Grazien, Ariadne auf Naxos u. a.) und die Werke Paolo Veroneses in der **Sala del Collegio** (Friede und Gerechtigkeit huldigen Venezia). In der Waffenkammer wurden einst rund 9000 Waffen zum Gebrauch aufbewahrt; nach der Plünderung durch die französischen Truppen im Jahr 1797 blieb noch ein Viertel des ursprünglichen Bestands übrig, darunter die Rüstung des französischen Königs Heinrich IV.

Der größte Raum ist die **Sala del Maggior Consiglio,** in der sich bis zu 1500 Ratsherren versammelten, aber auch große Feste abgehalten wurden. An der Schmalwand befindet sich das größte Ölbild der Welt, das »Paradies« von Tintoretto. Der Maler schuf es im Alter von 70 Jahren. Das Gemälde nimmt eine Fläche von 154 m$^2$ ein. Ansprechender ist Paolo Veroneses Deckenfresko »Apotheose Venedigs«.

Im ersten Stock sind einige Bilder von Hieronymus Bosch zu sehen: Höllen- und Paradiesszenen, das Triptychon der Eremiten und die Kreuzigung der hl. Liberata.

Ein Gang über die **Seufzerbrücke** 2 (s. S. 76) führt in die berüchtigten **Prigioni** 3, die Gefängniskammern. Sie waren einst vollständig mit Tannenholz ausgeschlagen, sodass sie für die Gefangenen wie Särge wirken mussten – eine besonders gemeine Strategie psychologischer Einschüchterung.

---

### Öffnungszeiten
**Palazzo Ducale:** Piazzetta San Marco, www.palazzoducale.visitmuve.it, April–Okt. tgl. 8.30–19, Einlass bis 17.30 Uhr, Nov.–März 8.30–17.30, Einlass bis 16 Uhr), 16 € (das Ticket gilt auch für das Archäologische Museum und das Museo Correr, s. S. 81) oder Museum Pass.

### Cafés und Einkaufen
Wer nach der Besichtigung einkaufen und einkehren möchte, kann dies am und um den **Markusplatz** herum tun (s. S. 31).

# 3 | Stiller Platz mit großen Bauten – Santi Giovanni e Paolo

**Karte:** ▶ G 4 | **Bootslinien:** 4.1, 4.2, 5.1, 5.2: Fondamenta Nuove, Ospedale | **Stadtteil:** Castello

**Venedig von der ruhigen Seite: eine Kirche voller Kunstwerke, direkt an einem kleinen Kanal; das städtische Krankenhaus mit kunstvoller Renaissance-Fassade; und drumherum stille Gassen, kleine Geschäfte, nette Bars. Ideal zum Herumschlendern und zum Entdecken unbekannter Winkel!**

Donna Leons Krimi »Endstation Venedig« beginnt mit einem Leichenfund im Kanal direkt vor Santi Giovanni e Paolo. Die schockierende Szene steht in einem starken Kontrast zu dem friedlichen und ruhigen Eindruck, den der Platz und die angrenzenden Gassen normalerweise machen. Hier fühlt man sich wohl: Das Viertel ist belebt von Einheimischen und Touristen, aber nie wird es unangenehm voll wie am Markusplatz oder an der Rialto-Brücke. Kleine Geschäfte, Bars und Osterie machen das Herumflanieren zum Vernügen. Wer ein paar Schritte zu den Fondamenta Nuove geht, erlebt dort ein Venedig ohne Tünche: an der Wasserfront stehen eher einfache Häuser, und man genießt ungestört den Ausblick auf die Lagune, die Friedhofsinsel und die Insel Murano.

## Campo San Zanipolo

Offiziell heißen Kirche und Platz Santi Giovanni e Paolo, aber die beiden Heiligen Johannes und Paulus werden im

## 3 | Santi Giovanni e Paolo

venezianischen Dialekt zu Zanipolo (auf der zweiten Silbe betont) verschliffen. Nebenbei bemerkt: Venezianisch wird in der Stadt und generell in der Region Venetien noch immer viel gesprochen. Für Auswärtige, auch aus relativ nah gelegenen italienischen Gegenden, sind die lebhaften Gespräche in den venezianischen Bars kaum zu verstehen.

Wie der volkstümliche Name andeutet: Kirche und Platz sind bei den Einheimischen beliebt. San Zanipolo ist eher eine Kirche der normalen Bevölkerung als der Markusdom, der einst die Obrigkeit repräsentierte und heute den Touristen dient. Neben dem großen, außen fast schmucklosen Backsteinbau erhebt sich die reich verzierte Fassade der **Scuola Grande di San Marco** 1. Das Gebäude war ursprünglich Sitz einer religiösen Bruderschaft und dient heute als städtisches Krankenhaus. Die anmutig verspielte farbige Fassade ist ein Meisterwerk der Renaissance. Sie wurde Ende des 15. Jh. von den Architekten Pietro Lombardo und Mauro Coducci entworfen, die Reliefs schuf Tullio Lombardo. Diesen Künstlern begegnen Sie in Venedig immer wieder, den beiden Lombardo-Brüdern schon gleich nebenan in San Zanipolo. Der Saal der Bruderschaft im ersten Stock ist für Besucher zugänglich. Hier sind alte medizinische Geräte ausgestellt, im Nebenraum Kopien der ursprünglich hier befindlichen Gemälde mit Wundern der Markusreliquie (Originale heute in der Accademia und in der Mailänder Brera zu sehen).

Vor der Kirche steht das große **Reiterdenkmal** 2 des Söldnerführers Bartolomeo Colleoni. Es wurde Ende des 15. Jh. von dem florentinischen Bildhauer Andrea Verrocchio geschaffen. Bartolomeo Colleoni hatte sich als Gegenleistung für die testamentarische Überlassung einer großen Geldsumme an die Republik Venedig ein Denkmal auf dem Markusplatz versprechen lassen. In Wirklichkeit dachten die Ratsherren nicht daran, auf dem wichtigsten

**Trickreiches Venedig: Das Standbild Colleonis wurde vor der Scuola Grande di San Marco statt auf dem Markusplatz aufgestellt**

37

## 3 | Santi Giovanni e Paolo

> **Übrigens:** Erschrecken Sie nicht, wenn Sie irgendwo lesen ›SS. Giovanni e Paolo‹. Mit den Nazis hat das nichts zu tun, ›SS‹ ist bei Kirchen – die Abkürzung für ›Santi‹ (die ›Heiligen‹).

Platz der Stadt eine Privatperson – und dazu noch einem Fremden – zu ehren. Sie interpretierten ihr Versprechen absichtlich falsch: Nicht auf der Piazza San Marco wurde das Denkmal errichtet, sondern vor der Scuola di San Marco. Kunsthistorisch hat das Werk eine große Bedeutung: Es war das erste bronzene Reiterdenkmal der europäischen Neuzeit und begründete damit eine lange Tradition der Standbilder von Heerführern, Fürsten und Kaisern zu Pferde.

Vorsicht bei der Aussprache: *coglioni* (›coljoni‹ gesprochen) ist im Italienischen ein ordinärer Begriff, man sollte also deutlich ›Col-le-oni‹ artikulieren!

### Santi Giovanni e Paolo

**San Zanipolo** 3 ist der größte Sakralbau Venedigs. Das Hauptschiff der Kirche ist 101,5 m lang und 35 m hoch. Zwischen 1300 und 1450 wurde sie im gotischen Stil errichtet. Es war die Kirche des Dominikanerordens, der sich gewöhnlich in den ärmeren Stadtvierteln niederließ. Ganz ähnlich hielten es übrigens die Franziskaner, deren Kirche I Frari als Gegenstück zu Santi Giovanni e Paolo darstellt (s. S. 46).

Die Kirchen dieser sog. Bettelorden waren fast immer sehr groß, denn sie sollten Massen von ›kleinen Leuten‹ aufnehmen. Ursprünglich waren sie völlig schmucklos, denn zur Botschaft der Dominikaner und Franziskaner gehörte die Konzentration aufs Wesentliche des Glaubens, ohne Prunkentfaltung und Dekor. Als später diese strenge Einstellung aufweichte, boten sich die ausgedehnten Hallen dazu an, Kunstwerke aufzustellen. Paradoxerweise wurden die Kirchen der Bettelorden daher, gerade in Venedig, zu richtigen ›Museumskirchen‹.

In San Zanipolo stehen vor allem zahlreiche Dogengräber. Gleich rechts vom Eingang sehen Sie eines der schönsten, das aufwendig gestaltete Renaissance-Grab für Pietro Mocenigo von Pietro Lombardo. Bei einem Rundgang finden Sie gleich darauf an der Wand des rechten Seitenschiffs das Polyptichon des hl. Vincenz Ferrer von Giovanni Bellini, eines der frühesten Werke dieses bedeutenden Künstlers, der am Beginn der venezianischen Renaissance steht. Das rechte Querschiff ist mit einem schönen farbigen Glasfenster aus dem Jahr 1470 geschmückt. Rechts unterhalb sehen Sie das Bild der »Almosenspende« von Lorenzo Lotto (1542), einem zu Lebzeiten verkannten, aber originellen und bedeutenden venezianischen Künstler. Im Chor befindet sich an der linken Wand ein weiteres großes Dogengrabmal, das Monument für Andrea Vendramin von Tullio Lombardo. Am Ende des linken Seitenschiffs gelangen Sie in die Cappella del Rosario. Eine holzgeschnitzte vergoldete Decke umfasst drei großformatige Bilder von Paolo Veronese: »Verkündigung«, »Himmelfahrt Marias« und »Anbetung der Hirten«.

---

**Öffnungszeiten**
**Santi Giovanni e Paolo (San Zanipolo):** Mo–Sa 7.30–18.30, So 12–18.30 Uhr, 2,50 €.
**Scuola Grande di San Marco:**

Di–Sa 9.30–13, 14–17 Uhr, Eintritt frei

**Am Rand der Altstadt**
An der Scuola Grande di San Marco vorbei erreichen Sie in fünf Minuten

## 3 | Santi Giovanni e Paolo

die **Fondamenta Nuove** 4 . Am nordöstlichen Stadtrand treffen Sie hier ein Venedig ohne Glanz und Glamour: nicht mehr prunkvolle Palazzi und noble Geschäfte, sondern ein eher proletarisches Ambiente mit einfachen Bauten, ein paar schlichten Bars und Restaurants. Hier befinden sich auch die Anlegestellen für Fahrten in die Lagune, zur nahe gelegenen Glasbläserinsel Murano etwa und zu den weiter entfernten Inseln Burano und Torcello. Der Wind pfeift einem um die Nase, in der Luft liegt der Geruch der Lagune: ein Kontrastprogramm zu den engen Gassen der Altstadt!

### Schatzkästchen
**Santa Maria dei Miracoli** 5
(www.chorusvenezia.org, Mo–Sa 10–17 Uhr, 3 € oder Chorus Pass) steht gut fünf Minuten vom Campo Santi Giovanni e Paolo entfernt am Campo dei Miracoli. Die ungewöhnliche kleine Kirche entstand in den Jahren 1481 bis 1489 als Schrein für ein wundertätiges Marienbild. Sie ist mit kostbarem Gestein farbig gemustert, vor allem mit Porphyr und Serpentin. Die reiche Dekoration greift auf antike Muster zurück. Im Innenraum führen 14 Stufen zum Altar hinauf. Das Gotteshaus ist beliebt bei Hochzeitspaaren, hier werden besonders viele Ehen geschlossen.

### Entspannt am Platz
Direkt am Platz befindet sich die traditionsreiche, 1879 gegründete **Pasticceria Rosa Salva** 1 (Campo SS. Giovanni e Paolo 6779, www.rosasalva.it). Schon vor 130 Jahren betrieb der damalige Chef Andrea Rosa einen Catering-Service, für die damalige Zeit etwas völlig Neues. Die ›wandernde Trattoria‹ wurde gern von venezianischen Adligen in Anspruch genommen. Catering ist auch heute noch einer der Hauptgeschäftszweige des Unternehmens, das in Venedig noch zwei andere Zweigstellen hat. Aber für den Normalverbraucher sind doch die Kuchen und der Kaffee am interessantesten, die Sie an den schlichten Tischen auf dem Platz genießen können.

**Rosa Salva: köstliche Kekse seit mehr als hundert Jahren**

39

# 4 | Wie auf der Ansichtskarte – die Rialto-Brücke

**Karte:** ▶ E/F 4 | **Bootslinien:** 1, 2: Rialto
**Stadtteile:** San Marco, San Polo

**Man hat sie schon tausendmal auf Fotos gesehen: Schwungvoll wölbt sich die Rialto-Brücke über den Canal Grande. Neben dem Markusplatz ist das der touristische Brennpunkt Venedigs, eines der bekanntesten Wahrzeichen der Stadt. Kein Platz für Romantiker, dafür herrscht zu viel Betrieb. Aber der Blick auf den Kanal ist großartig.**

Der Scheitelpunkt der Brücke ist auch der Gipfel fotografischer Ekstase. Ununterbrochen klickt, surrt und blitzt es. Touristen aus allen Kontinenten stehen in Pose vor dem unübertrefflichen Hintergrund der Gondeln und Palazzi. Die Aussicht hat unter dem Massenandrang nicht gelitten, sie ist und bleibt einmalig. Und auch von unten wirkt die Brücke genau so, wie man sie sich in Venedig-Träumen vorstellt: elegant geschwungen, zugleich stabil und leicht.

### Ponte di Rialto 1
Die heutige Brücke mit ihren Ladengebäuden ist gut 400 Jahre alt; sie entstand zwischen 1588 und 1592. Vorher befand sich hier eine gedeckte Holzbrücke, deren Mittelteil hochgezogen wurde, wenn große Schiffe durchfuhren. Bis 1854 war dies die einzige Stelle, an der man den Canal Grande auf einer Brücke überqueren konnte.

Der Name ›Rialto‹ kommt von *rivo alto* (›hohes Ufer‹). Hier lag der erste Siedlungskern Venedigs. Schon früh wurde der Platz zum Handelszentrum. Bankiers und Händler ließen sich nieder und nahmen an der Brücke ihre Waren oder ihre Geschäftspartner in Empfang. Direkt unterhalb der Brücke ist der **Campo San Bartolomeo** 2 einer der belebtesten Plätze der Stadt. Zu jeder Tageszeit versammeln sich die Einheimischen unter dem Denkmal des Komödiendichters Carlo Goldoni. »Keck, launig, lachend, gehört er unter das

# 4 | Rialto-Brücke

Volk, das ihn umgibt«, hat schon Gerhart Hauptmann über den steinernen Dichterkollegen bemerkt.

Am Campo di San Bartolomeo liegt der **Fondaco dei Tedeschi** 3 . Im Mittelpunkt des venezianischen Geschäftslebens hatte hier früher die deutsche Kaufmannskolonie ihre Niederlassung. Das Gebäude, das vorher Venedigs Hauptpost beherbergte, wurde vor einigen Jahren von der Firma Benetton erworben und soll zu einem großen Modegeschäft auf mehreren Etagen umgebaut werden.

Am anderen Ufer des Canal Grande führt eine dicht an dicht von Verkaufsständen und kleinen Geschäften gesäumte Gasse direkt in das Laden- und Marktviertel, in dem die alten Handelstraditionen des Rialto-Viertels lebendig geblieben sind. Problemlos kann man hier viele Stunden vor Schaufenstern und Marktständen verbringen (s. S. 42).

## Sehenswert in der Umgebung

In der **Kirche San Salvatore** 4 (Campo San Salvatore, Mo–Sa 9–12, 16–18.15, So 16–18.15 Uhr) finden Kunstfreunde einige hervorragende Renaissance-Gemälde. Am bedeutendsten ist Tizians Spätwerk »Verkündigung«. Ebenfalls von Tizian stammt die »Verklärung Christi« auf dem Hauptaltar. Vittore Carpaccio schuf das ansprechende »Mahl in Emmaus« in der Kapelle links vom Chor.

## Edel speisen

Ein sehr gutes, wenn auch nicht preiswertes Restaurant ist die **Fiaschetteria Toscana** 1 (s. S. 94).

## Einkaufen

In der Nähe der Brücke finden sich die interessantesten Einkaufsstraßen Venedigs. Eher volkstümlich, preiswert und mit starkem kulinarischem Schwerpunkt geht es auf der Nordseite der Brücke, im Rialto-Viertel zu (s. S. 42). Teure Läden finden sich dagegen zwischen Rialto-Brücke und Markusplatz, vor allem in den Mercerie, die seit Jahrhunderten Venedigs Geschäftszentrum bilden. In der Fülle der Geschäfte besuche ich immer gern den versteckten ›Musiktempel‹ **Il Tempio della Musica** 1 (S. Marco 5368) in einer namenlosen Seitengasse der Salizzada Pio X. Eine größere CD-Auswahl an klassischer Musik, Opern, Jazz findet man in Venedig nirgends; häufig gibt es Sonderangebote. Einer meiner Lieblingsläden ist auch **Rizzo** 2 (Salizzada di San Giovanni Crisostomo 5778). Die Familie Rizzo stellt seit einem Jahrhundert Teigwaren her, das Pasta-Angebot ist unglaublich vielfältig, besonders gut: die schwarzen Tintenfisch-Nudeln, die man wunderbar mit einem Fisch- oder Muschel-Sugo zubereiten kann.

41

# 5 | Märkte, Bars und kleine Läden – das Rialto-Viertel

**Karte:** ▶ D/E 4 | **Bootslinien:** 1, 2: Rialto; 1: Rialto Mercato | **Stadtteil:** San Polo

**Der Bauch der Stadt: Das Angebot auf dem Fisch- und dem Gemüsemarkt begeistert immer wieder, auch die Läden mit Käse, Pasta und Dolci lassen Gourmetherzen höher schlagen. Mittags füllen sich die Tresen der Bars mit köstlichen kleinen Speisen. Aber nicht nur Feinschmecker kommen im Rialto-Viertel auf ihre Kosten. Man findet hier auch originelles Kunsthandwerk und vergleichsweise preiswerte Modeläden.**

Wer nicht auf große Namen und noble Auslagen fixiert ist, dem begegnet zwischen der Rialto-Brücke und dem Campo San Polo eines der interessantesten Einkaufsviertel Venedigs. Ein Geschäft drängt sich an das andere und der farbenfrohe Rialto-Markt ist eine Attraktion für sich. Die Einheimischen treffen sich in den zahlreichen *bácari*, typisch venezianischen Weinstuben (s. S. 99), zu ein paar *cichetti* – schmackhaften Appetithäppchen vom Tresen – und einem Gläschen Wein. Mehr als anderswo pulsiert hier venezianisches Alltagsleben.

### Kunstgewerbe an der Brücke

Direkt am Fuß der Brücke ist das Angebot zwar ganz auf die Touristen ausgerichtet, aber das ist nicht unbedingt ein Nachteil. **La Bottega dei Mascareri** 1 (Calle degli Orefici 80, www.mascareri.com) zählt zu den interessantesten unter den zahlreichen Maskengeschäften in Venedig. Manche der künstlerisch gestalteten Kreationen von Sergio Boldrin stehen in der Tradition der

## 5 | Rialto-Viertel

*commedia dell'arte*, andere sind moderne Varianten venezianischer Karnevalsmasken. Voller Stolz hat der Besitzer eine Widmung von Woody Allen ausgehängt. Schräg gegenüber findet man in dem kleinen Laden der Brüder **Stefano und Daniele Attombri** 2 (Sottoportico degli Orafi 65, www.attombri.com) sehr originelle Schmuckstücke aus alten Murano-Glasperlen, die in ein ganz aktuelles Design eingefügt werden – der Effekt ist raffiniert und überraschend. Ein paar Schritte weiter erfreut **Matisse Rialto** 3 (Sottoportico degli Orafi 54) mit handgemachten Luxuskerzen in vielen ungewöhnlichen Varianten.

### Kulinarische Genüsse

Am Campo Cesare Battisti bietet der kleine Stand **Al Mercà** 1 hervorragende Weine glasweise im Ausschank und köstliche panini. Gleich daneben findet sich die **Casa del Parmigiano** 4 (Nr. 204, www.aliani-casadelparmigiano.it). Der Name täuscht: Hier gibt's nicht nur Parmesan, sondern eine Riesenauswahl guter Käse und Wurstwaren, dazu Olivenöl, Marmeladen und viele andere Köstlichkeiten. Der traditionsreiche Familienbetrieb feiert 2016 seinen 80. Geburtstag, Abnutzungserscheinungen zeigt er bisher nicht. Wenige Schritte führen von hier zum farbenfrohen **Mercato del Rialto** 5. Direkt am Canal Grande drängen sich die Marktstände mit frischen Lebensmitteln. Das ist ein Vergnügen schon für die Augen – einen Hauch von Designertalent haben ja die meisten italienischen Markthändler.

> **Übrigens:** In den relativ flachen Gewässern der Adria ist der Fischbestand erheblich größer als an der italienischen Westküste. Daher findet man in Venedig ein vielfältiges und noch verhältnismäßig preisgünstiges Angebot. Im nahe gelegenen Ort Chioggia gibt es noch eine ganze Fischerflotte, die jede Nacht ausläuft.

**Frischer Fisch aus den Gewässern der Adria – auf dem Mercato del Pesce am Rialto**

43

## 5 | Rialto-Viertel

Schwätzchen mit Erfrischung an der frischen Luft – die vielen Ristorante machen's möglich

Unter der nahen Halle der ›Pescheria‹ spielt sich der **Mercato del Pesce** 6 ab, der alteingesessene Fischmarkt. Der Fang wird täglich frisch angeliefert.

Gleich um die Ecke: **Drogheria Mascari** 7 (Ruga degli Speziali 380) hat nichts mit einer ›Drogerie‹ zu tun. Sie ist vielmehr eine Gemischtwarenhandlung auf höchstem Niveau. Das Angebot reicht vom Grappa über Schokolade zu Gewürzen aller Art, und allein der Anblick des reichen Angebots lässt die Herzen von Feinschmeckern höher schlagen. Hervorragende Produkte führt auch der winzige Käsekiosk **La Baita** 8 an der Ecke Ruga Vecchia San Giovanni/ Sottoportego degli Orafi – etwa die frisch angelieferte Büffelmozzarella aus Süditalien.

### Brunettis Bar

Zeit für einen Aperitif und ein paar Kleinigkeiten. Dafür bieten sich im Viertel vor allem zwei alteingesessene *bácari* an. Im **All'Arco** 2 herrscht immer Gedränge: Der Raum ist winzig, und an ausreichend Kundschaft fehlt es nie. Mit gutem Grund – es gibt guten Wein und ausgezeichnete Appetithappen: mit Ricotta und Speck gefüllte Kürbisblüten, Auberginenrouladen mit Schinken, überbackene Mozzarella mit Sardellen und Dutzende anderer Köstlichkeiten, je nach Laune und Einfallsreichtum des Chefs. Das **Ai Do Mori** 3 gleich dahinter ist eine der ältesten und schönsten Weinstuben der Stadt – allerdings auch teurer als die Konkurrenz. Die Decke hängt voller Kupferkannen und -töpfe, in den Regalen locken die Weinflaschen, und die *cichetti* sind vorzüglich, z. B. Artischocken mit Schinken oder Röstbrot mit Lachs- oder Thunfischsauce. Donna Leon lässt ihren Kommissar Brunetti hier gelegentlich einkehren. Für den größeren Hunger bietet sich das Restaurant **Alla Madonna** 4 an. Das populäre, gleichermaßen bei Venezianern wie Touristen beliebte Lokal hat Platz für mehr als 200 Gäste, bleibt aber trotz des Massenbetriebs gemütlich. Die schmausenden und schwatzenden Esser verteilen sich auf sieben liebevoll mit Bildern geschmückte Räume. Die Küche folgt konsequent der einheimischen Tradition

## 5 | Rialto-Viertel

und ist dabei verlässlich gut, bei vielen Gerichten sogar ausgezeichnet.

Das **Caffè del Doge** 5 liegt versteckt in einer Seitengasse. Hier gibt es vielleicht den besten Kaffee der Stadt – auf jeden Fall aber die größte Auswahl: allein den Espresso in 15 Varianten (aus Brasilien, Jamaica, Äthiopien …).

### Tausendundeine Note

Auf der Ruga di Rialto und der Rughetta geht es gemütlich weiter in Richtung Campo San Polo. In einer Seitengasse liegt der **Jazz Club Novecento** 1, normalerweise einfach eine gemütliche Pizzeria, verwandelt sich das Lokal im Winterhalbjahr mittwochs abends in einen Jazzkeller mit richtig guter Session-Stimmung. Die Einrichtung ist bemerkenswert: Die alten Möbel hat der Großvater des jetzigen Besitzers vor Jahrzehnten angeblich aus einem Bordell erworben, an den Wänden hängen Schwarz-Weiß-Fotos von Jazzgrößen. **Aliani** 9 (Ruga

Vecchia San Giovanni 654) ist ein weiteres gutes, vor allem auf Käse, Wurst und Schinken spezialisiertes Feinkostgeschäft. Im **BAC-Art-Studio** 10 (Ruga Rialto 1069, www.bacart.com) verkaufen Paolo Baruffaldi und Claudio Bazzicchetto ihre Venedig-Grafiken. 1977 haben sie damit eine fast verloren gegangene örtliche Tradition wieder belebt – mit großem Erfolg. **Mille e una nota** 11 (Calle del Mezzo 1235) heißt ›Tausendundeine Note‹, ein nettes Wortspiel mit ›Mille e una notte‹ (›Tausend und eine Nacht‹). Hier gibt es Musikinstrumente in allen Größen und Tonlagen, von dekorativen Miniaturgitarren und -trompeten über Mundharmonikas zu Violinen und Trommeln. Bald danach schwelgt man nicht in Tönen, sondern in Farben: Das Geschäft **Color Casa** 12 (Calle della Madonnetta 1990, www.colorcasavenezia.it) verkauft kostbare Stoffe feinster Machart sowie Kissen, Taschen und Vorhänge.

---

### Infos

**Öffnungszeiten:** Geschäfte meist 9–12.30/13, 16/16.30–19/19.30 Uhr, Lebensmittelgeschäfte oft ab 8 Uhr.
**Rialto-Markt** 4: Mo–Sa 8–16 Uhr, Fischmarkt Di–Sa 8–13 Uhr.
**Casa del Parmigiano** 6: Mo–Sa 8–13.30, Fr, Sa auch 16.30–19.30 Uhr.
**Al Mercà** 1: Campo Cesare Battisti 213, Mo–Sa 10–14.30, 18–21 Uhr, *panini* ab 2 €.
**All'Arco** 2: Calle dell'Occhialer 436, Tel. 041 520 56 66, Mo–Sa 8–17 Uhr, Appetithappen ab 1,50 €.
**Ai Do Mori** 3: Calle dei Do Mori 429, Tel. 041 522 54 01, Mo–Sa 8.30–20.30 Uhr, Appetithappen ab 1,50 €.
**Alla Madonna** 4: Calle della Madonna 594, Tel. 041 522 38 24, Do–Di, Hauptgerichte 12–15 €, Menü 35–40 €.

**Caffé del Doge** 5: Calle dei Cinque 609, tgl. 7–19 Uhr.
**Jazz Club Novecento** 1: Campiello del Sansoni 900, www.jazz900.com, Di–So 12–16, 19–2 Uhr.

### Kunst am Wegesrand

In der Kirche **San Giovanni Elemosinario** 1 (Ruga Vecchia S. Giovanni, www.chorusvenezia.org, Mo–Sa 10–17 Uhr, 3 € oder Chorus Pass) kamen in den 1990er-Jahren während Restaurierungsarbeiten in der zentralen Kuppel vergessene Fresken des Renaissance-Malers Pordenone zum Vorschein. Hinter dem Hauptaltar finden Sie außerdem ein Bildnis von San Giovanni Elemosinario, das Tizian im Jahr 1535 für diese Kirche geschaffen hat.

# 6 | Im Zeichen Tizians – Santa Maria Gloriosa dei Frari

**Karte:** ▶ C 4/5 | **Bootslinien:** 1, 2: S. Tomà
**Stadtteil:** San Polo

Für Kunstfreunde führt kein Weg an der großen Franziskanerkirche vorbei. Tizian hat hier zwei seiner Hauptwerke geschaffen und an den größten Maler der Stadt erinnert in der Kirche sein monumentales Grabmal. Auch die Renaissance-Künstler Donatello und Giovanni Bellini sind prominent vertreten. Nach dem Kunstgenuss entspannt man sich in den netten Lokalen und Läden der Umgebung.

Auf den Plätzen und Wegen bei der Frari-Kirche zeigt sich Venedig von seiner besten Seite. Das Viertel ist belebt von Touristen und Einheimischen, aber nie überlaufen. Es bietet viele interessante Geschäfte – darunter originelle Kunsthandwerksläden – und angenehme Bars ohne touristischen Nepp. Und mittendrin stehen reizvolle Bauwerke und Museen.

## Santa Maria Gloriosa dei Frari

ɔl Frari 1, wie die Kirche im Volksmund heißt, ist neben Santi Giovanni e Paolo (s. S. 38) die zweite große Bettelordenskirche in Venedig. Der hoch aufragende gotische Backsteinbau diente als gewaltige Predigthalle für die ärmeren Volksschichten. Im ursprünglich schmucklosen Innenraum wurden im Lauf der Zeit zahlreiche Kunstwerke aufgestellt und Grabdenkmäler errichtet, sodass das Gotteshaus sich zu einer Art Museumskirche entwickelte.

Vom Hauptaltar aus dominiert Tizians berühmte »Himmelfahrt Mariens« mit leuchtenden Farben den ganzen Kirchenraum. Ebenfalls von Tizian stammt die kunstvolle Komposition der »Madonna des Hauses Pesaro« im linken Seitenschiff. Im rechten Seitenschiff stehen monumentale Grabdenkmäler aus dem 19. Jh. für Tizian und für den Bildhauer Antonio Canova. Künstlerisch wertvoller sind die Dogengräber rechts

# 6 | Santa Maria Gloriosa dei Frari

und links vom Chor. Vor allem das Denkmal rechts für den Dogen Francesco Foscari beeindruckt durch die feinen gotischen Verzierungen. In der gleichen Kapelle steht die sehenswerte Holzskulptur Johannes des Täufers von dem florentinischen Renaissance-Bildhauer Donatello. Der Heilige wird eindrucksvoll als vergeistiger Asket dargestellt. Bemerkenswert sind auch die Chorschranken im Übergangsstil von Gotik und Renaissance.

Weitere wertvolle Gemälde hängen in der Sakristei: Die »Thronende Madonna mit vier Heiligen« des Frührenaissance-Malers Giovanni Bellini und das noch ganz traditionell auf Goldgrund gemalte Bild der »Madonna mit den Heiligen Franziskus und Elisabeth von Ungarn« von Paolo Veneziano (14. Jh.).

## Gondeln und Schokolade

In den Gassen um die Frari-Kirche findet man eine Reihe von Geschäften, die schon auf den ersten Blick einen persönlichen Charakter zeigen und nichts gemein haben mit dem standardisierten Kommerz, der sich in der Nähe des Markusplatzes breit macht. **Gilberto Penzo** 1 baut historische Gondeln in kleinem Format. Er ist einer der größten Experten für venezianische Schiffsgeschichte, hält weltweit Vorträge und hat schon für zahlreiche Museen Modelle geschaffen. Die Preise variieren stark: Ein kleines Schiff kann man bereits für 30 € kaufen, die aufwendig detailgetreu gestalteten großen Modelle kosten bis zu 20 000 €. Wenige Schritte entfernt produziert Alessandro Salvadori in der Ladenwerkstatt **A Mano** 2 ungewöhnliche, ansprechende Objekte wie handbemalte Lampenschirme, Rahmen aus bunt stuckiertem Holz, Glas- und Metallskulpturen. Ebenso kreativ, wenn auch in einer ganz anderen Branche, ist die **Cioccolateria Vizio e Virtù** 3. Hier gibt es exquisite Pralinen aus eigener Produktion, u. a. mit Mandeln, Walnüssen, Pistazien, Ingwer, Zimt und Kardamom, aber auch sehr unkonventionell mit Tabak, Tee und Balsamessig. Zu Recht läuft hinter dem Verkaufstresen non-stop – wenn auch ohne Ton – der Film »Chocolat« mit Juliette Binoche und Jonny Depp.

### Infos

**Santa Maria Gloriosa dei Frari:** www.basilicadeifrari.it, www.chorus venezia.org, Mo–Sa 9–18, So, Fei 13–18 Uhr, 3 € oder Chorus Pass.
**Gilberto Penzo:** Calle Seconda dei Saoneri 2681, www.veniceboats.com.
**A Mano:** Rio Terrà 2616, Di, Sa 10–19.30, Do, Fr 10–14.30 Uhr.
**Cioccolateria Vizio e Virtù:** Calle del Campaniel 2898 A, www.vizio virtu.com.

### Sehenswert in der Umgebung

**Scuola Grande di San Rocco** 2: Campo S. Rocco, www.scuolagrande sanrocco.it, tgl. 9.30–17.30 Uhr (Einlass bis 17 Uhr), 10 €. Die *scuole* waren Bruderschaften, in denen sich

# 6 | Santa Maria Gloriosa dei Frari

venezianische Bürger zur Verehrung bestimmter Heiliger, aber auch zu geselligen und karitativen Zwecken zusammenfanden. Als *scuola* bezeichnete man auch die Versammlungsgebäude dieser Gruppen. Für die Ausstattung wurden bedeutende Künstler verpflichtet: In der Scuola Grande di San Rocco hat Tintoretto zwischen 1564 und 1588 mehr als 60 großformatige Bilder mit Szenen aus dem Marienleben und aus Altem und Neuem Testament geschaffen. In der Sala dell'Albergo wird eine ganze Wand von seiner »Passion Christi« eingenommen. Daneben hängt eines der seltenen Bilder von Giorgione, der »Kreuztragende Christus«.

**Casa di Carlo Goldoni** [3]: Calle dei Nomboli 2794, www.museiciviciveneziani.it, April–Okt. Do–Di 10–17, Nov.–März Do–Di 10–16 Uhr, 5 € oder Museum Pass. Im Geburtshaus des Komödiendichters und Librettisten Carlo Goldoni sind sein Leben und Werk mit zahlreichen Ausstellungsstücken dokumentiert.

**Essen und Trinken:**
**Frary's** [1] (Fondamenta dei Frari 2559, Tel. 041 72 00 50, Di geschl., kleines Mittagsmenü 12 €, Hauptgerichte 13–15 €). In entspannter Atmosphäre gibt es hier gute Gerichte der griechischen und arabischen Küche, u. a. Moussaka, Couscous, Taboulé, Magluba (Reis mit Gemüse, Huhn, Pinienkernen, Joghurt) und Pistazien-Datteln-Eis mit Rosenwasser.
**Da Ignazio** [2] (Calle dei Saoneri 2749, Tel. 041 523 48 52, www.trattoriadaignazio.com, Sa geschl., Hauptgerichte ab 14 €, Menü 40–50 €). Das gepflegte Ambiente und der freundliche Service tragen schon zum Wohlgefühl bei, bevor das Essen auf den Tisch kommt. Ob man die Meeresfrüchte-Antipasti, die Fischsuppe, den Petersfisch oder eine *bistecca* wählt: Alles ist sorgfältig zubereitet und fein abgeschmeckt. Bei gutem Wetter kann man auch im Innenhof speisen. Ein Plus ist die sorgfältig zusammengestellte Weinkarte.

**Die Scuola di San Rocco: außen kühler Marmor, innen warme Farben**

48

# 7 | Der Boulevard – Bootsfahrt auf dem Canal Grande

**Karte:** ▶ B 3–F 6 | **Bootslinien:** 1, 2
**Stadtteile:** Cannaregio, Santa Croce, San Marco, San Polo, Dorsoduro

**An der ›Hauptstraße‹ von Venedig reihen sich die Prunkbauten aneinander. Wer in der Stadt auf sich hielt, errichtete hier seinen repräsentativen Wohnsitz. Vom gotischen Palazzo bis zu Peggy Guggenheims Museum moderner Kunst gondelt man so durch die Geschichte der Architektur.**

»Es ist die schönste Straße, die man in der ganzen Welt finden kann, und mit den schönsten Häusern eingefasst, und sie geht durch die ganze Stadt«, schrieb im Jahr 1495 der französische Botschafter Philippe de Commines über den Großen Kanal. Der ›Boulevard‹ Venedigs windet sich auf 3800 m S-förmig durch die Stadt. An der 30 bis 70 m breiten Wasserstraße eine Wohnung zu besitzen war und ist für die venezianische Oberschicht eine Frage des Prestige. Jahrhundertelang ließen die adligen Familien hier noble, reich geschmückte Palazzi errichten. Daher spiegeln die Ufer des Canal Grande heute eindrucksvoll die gesamte venezianische Architekturgeschichte. Die Hauptfassaden der Paläste sind dem Wasser zugewandt; eine Bootsfahrt ist der beste Weg, sie zu betrachten.

## Vom Bahnhof zur Rialto-Brücke

Die Aussicht vom Bahnhofsvorplatz und damit auch von der Schiffshaltestelle Ferrovia wird dominiert von der Kuppelkirche **San Simeone Piccolo** 1 aus dem 18. Jh. Auf der Fahrt in Richtung Markusplatz mündet bald der breite Canale di Cannaregio von links in den Canal Grande. Gegenüber der Haltestelle San Marcuola erblicken Sie den **Fondaco dei Turchi** 2 aus dem 13. Jh. Das Gebäude diente lange Zeit türkischen Kaufleuten als Warenlager. Daneben steht der **Deposito del Megio** 3, der alte Kornspeicher der Republik,

49

# 7 | Canal Grande

ein hübscher Backsteinbau des 15. Jh. Am anderen Ufer erhebt sich der massige **Palazzo Vendramin-Calergi** **4** aus der Renaissance, heute Sitz des städtischen Spielcasinos. In diesem Gebäude starb 1883 Richard Wagner.

Hinter der Haltestelle San Stae folgt die **Ca' Pesaro** **5**, ein imposanter Bau des Barockarchitekten Baldassare Lon-

---

**Übrigens:** Knapp 11 m Länge, 1,40 m Breite, etwa 700 kg Gewicht – das sind die standardisierten Maße der heutigen Gondeln, die aus rund 280 Teilen und acht verschiedenen Holzarten zusammengezimmert werden. Genau 404 *gondolieri* sind zur Zeit noch in Venedig tätig. Bei der Einführung der ersten Dampfschiffe 1881 waren es etwa 2000, im 16. Jh. fuhren gar 10 000 Gondeln auf den Kanälen der Stadt. Schon 697 war erstmals von Gondeln in der Lagune die Rede. Im Lauf der Geschichte dekorierte man das beliebteste venezianische Fortbewegungsmittel immer prunkvoller. Um dem ausufernden Luxus entgegenzuwirken, bestimmte der Senat 1562, alle Gondeln müssten fortan mit schwarzem Tuch zugedeckt werden; seither kleiden sich die *gondole* in vornehmes Schwarz.

---

ghena. Auf der linken Seite taucht anschließend einer der schönsten Wohnbauten Venedigs auf: die **Ca' d'Oro** **6** mit reich geschmückter gotischer Fassade (s. S. 74). Wiederum rechter Hand erblickt man die Halle des Fischmarkts, die **Pescheria** **7**. Sie wurde erst 1907 erbaut, ist aber täuschend echt ›historisch‹ gestaltet. Das Boot steuert nun die Rialto-Brücke an. Unmittelbar davor erhebt sich links der **Fondaco dei Tedeschi** **8**, einst der Sitz der deutschen Kaufleute.

## Von der Rialto-Brücke zur Lagune

Hinter der **Rialto-Brücke** **9** stehen die interessanteren Gebäude zunächst auf der linken Seite: der schöne gotische **Palazzo Bembo** **10**, der schmale, ebenfalls gotische **Palazzo Dandolo** **11** und die byzantinisch beeinflusste **Ca' Farsetti** **12** aus dem 12./13. Jh., in der heute die Stadtverwaltung untergebracht ist. Der folgende **Palazzo Grimani** **13** ist ein monumentaler Renaissance-Bau von Michele Sanmicheli.

Der Kanal biegt nach links; in der Kurve steht rechter Hand die gotische **Ca' Foscari** **14**, heute Hauptgebäude der Universität. Gleich danach rechts der monumentale Barockbau der **Ca' Rezzonico** **15** (s. S. 75). Das Boot passiert nun die **Galleria dell'Accademia** **16** (s. S. 55) und die gleichnamige Brücke. Die farbigen Mosaiken am **Palazzo Barbarigo** **17**, wenig später auf der rechten Seite, wurden Ende des 19. Jh. als Werbung für eine Glasfabrik geschaffen. Im folgenden **Palazzo Venier dei Leoni** **18**, einem unvollendeten Bau des 18. Jh., ist die Guggenheim-Sammlung untergebracht (s. S. 60). Auf der selben Seite erhebt sich bald darauf die monumentale Kirche **Santa Maria della Salute** **19** (s. S. 62). Der Canal Grande mündet dann in die Lagune. Hier steht das ehemalige Zollamt an der **Punta della Dogana** **20**, heute ein Museum zeitgenössischer Kunst (s. S. 61).

## Der venezianische Palazzo

Die großen Wohnbauten der Lagunenstadt wurden immer nach einem einheitlichen Schema errichtet. An den breiten, oft nach außen hin repräsentativ geschmückten Mittelabschnitten schließen sich links und rechts kleinere Flügel an. Im Erdgeschoss befand sich eine durchgehende Halle, der *portego*,

# 7 | Canal Grande

in dem meist ein Warenlager eingerichtet wurde – schließlich waren fast alle Patrizierfamilien im Handel tätig. Das darüberliegende Zwischengeschoss beherbergte Kontor- und Geschäftsräume. Dann folgte der *piano nobile* mit einem Saal für Feste und Empfänge; an seinen Seiten lagen Wohn- und Schlafzimmer. Im zweiten Stock waren Wirtschaftsräume untergebracht. Nur die Seitenflügel konnten beheizt werden, nicht aber der Mittelbereich, wie man noch heute an der Position der Kamine sieht.

**Übrigens:** Venedig im 19. Jh.:
»Auf dem Canal Grande betten/
Tief sich ein die Abendschatten,/
Hundert dunkle Gondeln gleiten/
Als ein flüsterndes Geheimnis.«
(Conrad Ferdinand Meyer)

Auf dem Dach befand sich häufig ein Altan, eine hölzerne Dachterrasse, als Ersatz für die in Venedig seltenen Gärten.

## Infos

Für eine **Besichtigungsfahrt** bietet sich die Bootslinie 1 an, die zwischen Bahnhof und Markusplatz gemütlich von einem Ufer des Kanals zum anderen kreuzt. Schneller fahren die Boote der Linie 2, sie laufen nur die wichtigsten Haltestellen an.

**Mit der Gondel:** Die Kunden der *gondolieri* sind fast ausschließlich Touristen; eine Fahrt von 30–40 Min. kostet 80 €, man tut sich also am besten zu mehreren zusammen. Sehr viel preiswerter lässt sich der Canal Grande mit den *traghetti* überqueren, s. S. 25.

# 8 | Treffpunkt junger Venezianer – um den Campo Santa Margherita

**Karte:** ▶ B–D 5/6 | **Bootslinien:** 1, 2: S. Tomà, 1: Ca' Rezzonico
**Stadtteil:** Dorsoduro

**Tagsüber geht's gemütlich zu: Ein paar Marktstände laden zum Einkauf, in den Bars herrscht der gemächliche Normalbetrieb. Erst abends läuft der Platz zur Hochform auf. Vor allem im Sommer pulsiert er bis nach Mitternacht von Stimmengewirr und Stimmung der vorwiegend jüngeren Besucher.**

Venedig ist nicht gerade eine Stadt des vibrierenden Nachtlebens. Mit knapp 60 000 Einwohnern hat es ja nur provinzielle Dimensionen. Und die Touristen sind am Ende des Tages vom vielen Auf und Ab über die Brücken meist viel zu schlapp, um sich noch ins Nightlife zu stürzen. Bleiben nur die jüngeren Einheimischen und vor allem die Studenten, die abends etwas los machen. Neben den Lokalen in Cannaregio (s. S. 106) treffen sie sich vor allem am Campo Santa Margherita. Fünf oder sechs Bars und Pubs hier sind die Anlaufpunkte, aber im Sommerhalbjahr spielt sich das Leben zum guten Teil draußen auf dem Platz ab – bei einem bemerkenswerten Geräuschpegel nicht immer zur Freude der Anwohner!

Aber auch tagsüber geht es am Campo lebendig zu, wenn auch in gemächlicherem Rhythmus. An den paar Marktständen treffen sich vormittags die Hausfrauen der Umgebung, in den Cafés ist ab dem frühen Morgen Betrieb. Das traditionsreiche Eiscafé Causin hat zwar vor einigen Jahren zugemacht und wurde durch ein Caffè Venice ersetzt – ein beunruhigendes Zeichen dafür, dass abseits der touristischen Brennpunkte auch alteingesessene Lokale Schwierigkeiten haben zu überleben. Aber im **Caffè Rosso** 1 (Campo S. Margherita 2963) gibt es guten Espresso und schmackhafte *panini*, und ebenso beliebt ist die wenige Schritte entfernte, genauso rot gestrichene Weinbar **Do**

## 8 | Campo Santa Margherita

**Draghi** 2 (Calle della Chiesa 3665). Eine Riesenauswahl an cremigen Eissorten bietet die **Gelateria Il Doge** 3 (Rio Terrà Canal 3058/A).

### Unbekannte Umgebung

Westlich vom Campo S. Margherita liegt ein Viertel, das von den Touristen kaum besucht wird, obwohl sich hier interessante Kunstschätze finden. Aber der kleine Bummel in Richtung Giudecca-Kanal ist auch dann reizvoll, wenn man keine Tiepolo- oder Veronese-Bilder betrachten will. Denn man gelangt in einen stillen, manchmal fast verlassen wirkenden Stadtteil, in dem auf den Kanälen die Boote dümpeln und an den Hausfassaden der Putz abblättert. Hier ist es selbst im Hochsommer noch ganz ruhig, wenn sich an den touristischen Brennpunkten die Menschenmassen drängen.

Wenige Schritte vom Campo entfernt steht die **Scuola Grande di Santa Maria dei Carmini** 1. Wie andere *scuole*, z. B. diejenigen von San Marco und San Rocco (s. S. 37 und 47), war sie der Sitz einer Bruderschaft wohlhabender Venezianer. Bei Santa Maria dei Carmini stand offenbar besonders viel Geld zur Verfügung: Das Gebäude wurde vermutlich von dem bedeutenden Barockarchitekten Baldassare Longhena errichtet, und in den Innenräumen hat Gianbattista Tiepolo neun Werke geschaffen, darunter das große Deckengemälde »Maria und der selige Simon Stock«. Tiepolo war ein Starkünstler des 18. Jh. Aufträge führten ihn in viele Länder, u. a. arbeitete er in Würzburg für den Fürstbischof und in Madrid für den spanischen König. Die Carmini-Bruderschaft stand in einer illustren Reihe, wenn sie einen solchen Maler beschäftigen konnte.

In der **Kirche San Sebastiano** 2 war Paolo Veronese tätig, der wie Tiepolo zu den Großen der venezianischen

Immer was los – am Campo Santa Margherita

# 8 | Campo Santa Margherita

**Übrigens:** Bei der Bootsanlegestelle San Tomà können Sie mit dem Traghetto über den Canal Grande setzen – eine der wenigen Möglichkeiten, in Venedig preiswert eine Gondel zu benutzen. Bei der wenige Minuten dauernden Überfahrt auf dem schwankenden Boot bekommt man jedenfalls einen Eindruck davon, wie sich die Gondel anfühlt, ohne gleich 80 € für die Standardtour von 30–40 Minuten zu berappen.

Malerei zählt. Der Renaissance-Künstler schwelgt hier in farbenfrohen Werken, die an der Decke des Langhauses Szenen aus dem Buch Esther des Alten Testaments zeigen, in der Sakristei eine Marienkrönung und die vier Evangelisten. Charakteristisch für Veronese sind die prächtigen Kostüme.

Von San Sebastiano kann man über die Calle Lunga Avogaria und die Calle Lunga San Barnabà zum Campo San Barnabà schlendern. Das Feinkostgeschäft **Pantagruelica** **1** (Campo S. Barnabà 344) hat ein hervorragendes Angebot an Wein und Lebensmitteln, darunter viele Bioprodukte, der Besitzer wählt die Waren sorgsam bei den Produzenten aus. Ganz in der Nähe steht der große **Palazzo Ca' Rezzonico** **3**. In dem prunkvollen Bau – wie die Scuola Grande di S. Maria dei Camini ein Werk von Baldassare Longhena – ist das sehenswerte **Museo del Settecento Veneziano** untergebracht (s. S. 82).

## Öffnungszeiten

**Scuola Grande di Santa Maria dei Carmini:** Campo dei Carmini 2617, tgl. 11–16 Uhr, 5 €.
**San Sebastiano:** Campo S. Sebastiano, www.chorusvenezia.org, Mo–Sa 10–17 Uhr, 3 € oder Chorus Pass.
**Ca' Rezzonico Museo del Settecento Veneziano:** Fondamenta Rezzonico, April–Okt. Mi–Mo 10–18, Nov.–März Mi–Mo 10–17 Uhr, die Kasse schließt jeweils eine Stunde früher, 10 €. S. auch S. 82

## Abends am Campo S. Margherita

Die beliebtesten Pubs und Bars am Platz sind das **Margaret DuChamp** **1** (Campo S. Margherita 3019, Mi–Mo 9–2 Uhr), die **Osteria al Boccon Divino** **2** (Campo S. Margherita 2978, Mo–Sa 12–24 Uhr) und das **Pier Dickens Inn** **3** (Campo S. Margherita 3410, tgl. 10–2 Uhr). Hier kann man auch essen: Es gibt rund 70 verschiedene Pizzen, außerdem werden noch zu später Stunde Nudelgerichte serviert (s. auch S. 111).

## Restaurants in der Nähe

In Fünf-Minuten-Entfernung vom Campo S. Margherita stehen gleich drei empfehlenswerte Lokale: das **L'Incontro** **4** mit sardischer Küche (Rio Terrà Canal 3062, Tel. 041 522 24 04, Mo und Di mittags geschl., Menü um 45 €, mittags ab 20 €, s. S. 96), das legere **Quattro Feri** **5** (Calle Lunga S. Barnabà 2754/A, Tel. 041 520 69 78, Mo–Sa, Menü um 30 €, s. S. 97) und die originelle **Bitta** **6** (Calle Lunga S. Barnabà 2753/A, Tel. 041 523 05 31, Mo–Sa 18.30–23 Uhr, Menü um 37 €, s. S. 96).

## Einkaufen

An den Fondamenta Gerardini beim Campo San Barnabà ankert ein farbenfrohes **Obst- und Gemüseboot** **2**. Direkt vom Schiff werden Tomaten und Trauben, Kirschen und Kiwis verkauft.

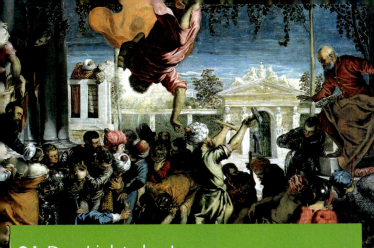

# 9 | Das Licht der Lagune – die Galleria dell'Accademia

**Karte:** ▶ D 6 | **Bootslinien:** 1, 2: Accademia
**Stadtteil:** Dorsoduro

**Hier sind sie alle vertreten, die Großen der venezianischen Malerei: Tizian und Tintoretto, Bellini und Giorgione, Veronese und Tiepolo, Canaletto und Carpaccio. Einen besseren Überblick kann man nirgendwo gewinnen. Das Licht der Lagune, die vielen Farbtöne des Wassers sind auf die Leinwand gebannt.**

Die venezianische Malerei fasziniert vor allem durch die unglaubliche Vielfalt und die feinsten Abstufungen der Farbtöne. Die wechselnden Farben der Lagune und des Himmels findet man bei den großen und kleinen Meistern der venezianischen Tradition wieder, ob es sich um schon zu Lebzeiten europaweit berühmte Starkünstler wie Tizian und Tiepolo handelt oder unbekannte Genies wie Lorenzo Lotto. In der **Galleria dell'Accademia** 1 sind sie alle mit Hauptwerken vertreten.

## Die großen Renaissance-Maler

Die Blütezeit der venezianischen Malerei stellen vor allem die hundert Jahre zwischen 1480 und 1580 dar. **Giovanni Bellini** steht am Anfang dieser Epoche. Er hat fast nur religiöse Themen gemalt. Vier seiner Bilder zeigen die Madonna mit dem Jesuskind und Heiligen in verschiedenen Fassungen. Der weniger bekannte Frührenaissance-Maler **Cima da Conegliano** ist mit einer »Madonna unter dem Orangenbaum« vertreten, bei der vor allem der schöne Landschaftshintergrund bemerkenswert ist. Das »Gewitter« von **Giorgione** stellt eines der frühesten und bedeutendsten Landschaftsbilder der europäischen Malerei dar. Mysteriös wie das Gemälde, über dessen Bedeutung sich die Kunsthistoriker immer noch nicht einig sind, war auch das Leben des jung verstorbenen Künstlers. Nur wenige Werke von ihm sind erhalten geblieben und es gibt keine verlässlichen Nach-

## 9 | Galleria dell'Accademia

Mysteriöses Meisterwerk – das »Gewitter« von Giorgione

richten über sein Leben. Ein Zeitgenosse behauptete: »Er genoss ohne Unterlass die Freuden der Liebe und spielte gern und hervorragend Laute.« Jedenfalls malte er hervorragend, wie das »Gewitter« mit seinen großartigen Farbabstufungen und der feinen Abstimmung von Personen, Architektur und Landschaft eindrücklich zeigt. Von Giorgione stammt auch das einfühlsame Porträt einer »Alten Frau«. Psychologischen Tiefblick zeigt das »Bildnis eines Edelmannes« von **Lorenzo Lotto.**

Dramatische Szenen schildert **Jacopo Tintoretto** in den Darstellungen der »Markuslegende« in Raum 10. Mit dem für die Scuola Grande di San Marco (s. S. 37) geschaffenen »Markuswunder« (s. Bild S. 55) wurde der Maler auf einen Schlag berühmt. Die dramatische Komposition des Bildes brachte ungewöhnliche und umstrittene Neuerungen. Wie ein Superman der Renaissance fliegt der hl. Markus in die Szene ein und errettet einen gläubigen Sklaven, indem er die Folterwerkzeuge seiner Peiniger zerbricht.

Im selben Saal hängt das monumentale »Gastmahl im Haus des Levi« von **Paolo Veronese.** Wegen der darauf dargestellten Affen, Hunde und exotischen Gäste wäre das farbenfrohe und detailreiche Gemälde fast der Inquisition zum Opfer gefallen, die den biblischen Inhalt nicht seriös genug behandelt fand. Daneben sehen Sie die »Pietà«, das letzte, unvollendet gebliebene Bild von **Tizian**. Ein weiteres großes Tizian-Bild, der »Tempelgang Marias«, findet sich hinter dem Raum Nr. 24.

### Die Legendenbilder

Anschauliche große Bilderzyklen füllen die Säle 20 und 21. An den verschiedenen Gemälden des »Wunders der hl. Kreuzreliquie« haben mehrere Künstler gearbeitet, darunter **Gentile Bellini**

56

# 9 | Galleria dell'Accademia

und Vittore Carpaccio. Interessant sind hier vor allem die zahlreichen realistischen Stadtansichten Venedigs aus dem frühen 15. Jh., u. a. sieht man den Markusplatz und die Rialto-Brücke in ihrer damaligen Form. Carpaccio hat auch die neun Bilder der »Ursula-Legende« gemalt, mit einer Fülle von Details aus dem Alltagsleben seiner Zeit.

## Die Künstler des 18. Jh.

Nach dem Tod Jacopo Tintorettos 1594 entstanden in Venedig rund hundert Jahre lang keine bedeutenden Gemälde mehr. Im 18. Jh. aber kam es erneut zu einer Blüte der Malerei. Auch die Künstler dieser Zeit sind in der Accademia gut vertreten. **Canaletto** und **Francesco Guardi** schufen Stadtansichten, die gerne von wohlhabenden ausländischen Reisenden gekauft wurden und sich so in ganz Europa verbreiteten. **Rosalba Carriera** malte vor allem Porträts. Sie war eine der ganz wenigen Frauen der Epoche, die in der Malerei Ansehen erlangten. **Pietro Longhi** schilderte anschaulich und manchmal fast karikaturhaft das venezianische Alltagsleben: Karnevalsszenen, Geschäfte, Menschen im Spielsalon oder beim Friseur.

Der bedeutendste Künstler der Zeit war **Gianbattista Tiepolo.** Die Accademia zeigt von ihm einige Frühwerke, u. a. den Fries der »Ehernen Schlange«.

---

### Info

**Galleria dell'Accademia:** Campo della Carità 1050, Tel. 041 520 03 45, www.gallerieaccademia.org, Mo 8.15–14, Di–So 8.15–19.15 Uhr (die Kasse schließt 45 Min. früher), 9 € (bei vorheriger Reservierung zusätzlich 1,50 €), bei Sonderausstellungen 15 €., Kartenreservierung empfohlen (Website oder Telefon wie oben angegeben).

### Kleine Happen

Zwei lebendige Bars in der Umgebung laden nach dem Museumsbesuch zum Imbiss ein. **Cantinone già Schiavi** 1 (Fondamenta Nani 992, Mo–Sa 8.30–14.30 und 15.15–20.30 Uhr, So nur bis mittags, Appetithappen ab 1,20 €) ist eine bei den Einheimischen beliebte, traditionsreiche Osteria mit riesiger Weinauswahl und vielen Appetithappen, den sogenannten *cichetti*: beispielsweise frittierte Krebse, eingelegter Käse, marinierte Sardinen, Stockfischcreme. Sitzplätze gibt es nicht, bei schönem Wetter genießen die Gäste das Essen auf der ruhigen Gasse am Kanal. In der Snackbar **Toletta** 2 (Calle della Toletta 1191, Mi–Mo) herrscht fast immer Hochbetrieb, vor allem bei den Studenten der nahe gelegenen Universität ist das Lokal beliebt: Die *tramezzini* (belegte Weißbrotscheiben) sind preisgünstig und aus-gezeichnet, das Angebot ist sehr vielfältig, z. B. mit Rucola und Krabben, Thunfisch und Artischocken, Radicchio und Schweinebraten.

57

# 10 | Gondeln, Glas und Mode – eine kleine Einkaufstour

**Karte:** ▶ E 6/7 | **Bootslinien:** 1: Salute, Accademia, 2: Accademia
**Stadtteil:** Dorsoduro

**Das Kunsthandwerk war immer stark in Venedig. Und der Tourismus hat ihm nicht geschadet – im Gegenteil. Von Kunstwerken aus Gondelteilen zu kunstvollen Glasarbeiten und originellen Stoffen: schon das Anschauen macht Spaß, man muss ja die teils teuren Stücke nicht unbedingt mit nach Hause nehmen.**

Die starke Nachfrage durch die Touristen trägt dazu bei, dass Venedig eine Fülle reizvoller Läden aufweist. Die gläsernen Schmuckstücke von **Giorgio Nason** 1 und seiner Ehefrau **Trina Tygrett** 2 beispielsweise lassen all den Glaskitsch vergessen, der sich in Venedig breitmacht. Nason stammt aus einer alteingesessenen Glasbläserfamilie von der Insel Murano. Bereits 1602 wurden seine Vorfahren im Goldenen Buch der Stadt Venedig erwähnt. Er schafft Arbeiten in einem ganz eigenem Stil und verkauft sie zu erschwinglichen Preisen. Die gebürtige Amerikanerin Trina Tygrett hat an der venezianischen Kunsthochschule studiert. Ihre Glaskunstwerke wurden schon auf internationalen Ausstellungen gezeigt.

Zwischen den beiden Glasgeschäften stehen zwei bemerkenswerte Galerien. In der **San Gregorio Art Gallery** 3 gibt die Besitzerin Maria Giovanna Dal Tin einheimischen Künstlern – aber nicht nur ihnen – viel Raum. Neben den oft experimentellen Objekten wird in der ›Art for Interiors & Art Projects Line‹ auch konventionelleres Gebrauchsdesign vorgestellt. Ebenso anziehend wirkt die benachbarte **Galleria L'Occhio** 4. Der Schwerpunkt der Ausstellungen liegt auf der italienischen Gegenwartskunst.

Eine Original-Gondel werden Sie sich kaum leisten wollen (der Stückpreis beträgt 30 000 €), aber vielleicht ein Gondelteil als Kunstwerk? Der Tischler Giuseppe Carli hatte vor vielen Jahren die geniale Idee: Die Halterungen, in denen die *gondolieri* ihre Ruder abstützen, sind – für sich betrachtet – abs-

58

## 10 | Gondeln, Glas und Mode

trakte Skulpturen. Seither schuf Carli aus diesen *forcole* Plastiken. **Le Forcole** 5 heißt auch die reizvolle Ladenwerkstatt, in der Carlis Mitarbeiter und Nachfolger Saverio Pastor heute die Gondelkunstwerke verkauft.

Auf dem Weg in Richtung Accademia passiert man den **Museum Shop des Guggenheim-Museums** 6 mit einer reichen Auswahl an Kunstbüchern und Gadgets. Gleich dahinter setzt **Il Pavone** 7 die reiche Tradition venezianischer Papierherstellung fort. Es gibt wunderschöne Produkte aus handgeschöpftem Papier, Adress- und Tagebücher, Kalender, Fotoalben, Drucke, Stempel. Daneben steht das reizvolle Geschäft **Tessuti di Hélène** 8 . Die Französin Hélène Ferruzzi Kuhn, eine wahre Künstlerin des Stoffdrucks, lebt seit 1975 in Venedig. Sie verwandelt Seide, Leinen und Baumwollstoffe in Gemälde (und schafft außerdem auch ›richtige‹ Bilder auf normaler Leinwand). Ihre Arbeiten wurden bereits in vielen europäischen Großstädten, aber auch in Toronto und New York ausgestellt. Neben den kunstvollen Stoffen verkauft der Laden auch schöne Keramiken von Christine Viallet.

Unbedingt lohnend ist der kleine Abstecher auf die andere Seite des Kanals zu **Loris Marazzi** 9 . Hier finden Sie beeindruckende, amüsante Holzskulpturen: vor allem überdimensionale Kleidungsstücke, aber auch Blumen oder Uhren.

Etwas einfacher gestrickt, dennoch attraktiv und sicher erschwinglicher: Hinter der nächsten Brücke in Richtung Accademia verkauft das **BAC-Art-Studio** 10 Venedig-Grafiken.

---

### Infos
**Giorgio Nason:** Calle S. Gregorio 167, Mo–Sa 11–19 Uhr.
**Trina Tygrett:** Calle del Bastion 189, Mi–Mo 10.30–18.30 Uhr.
**San Gregorio Art Gallery:** Calle San Gregorio 165, Tel. 041 522 92 96, www.sangregorioartgallery.com, Mo, Mi–Sa 11–18 Uhr.
**Galleria L'Occhio:** Calle del Bastion 181, Tel. 041 522 65 50, www.galleria locchio.net.
**Le Forcole:** Fondamenta Soranzo delle Fornace 341, Tel. 041 522 56 99, www.forcole.com.
**Museum Shop des Guggenheim-Museums:** Fondamenta Venier dai Leoni 710, Mi–Mo 10–18 Uhr.
**Il Pavone:** Fondamenta Venier dai Leoni 721.
**Tessuti di Hélène:** Calle della Chiesa 727.
**Loris Marazzi:** Fondamenta Ospedaleto 369, www.lorismarazzi.com.

**BAC-Art-Studio:** Piscina del Forner 862, www.bacart.com.

*Loris Marazzi hat ein Faible für skurrile Holzplastiken*

# 11 | Moderne Kunst – venezianische Stiftungen

**Karte:** ▶ E–F 6/7 | **Bootslinien:** 1, 2: Accademia, 1: Salute
**Stadtteil:** Dorsoduro

**Eine Amerikanerin, ein Franzose und ein Venezianer haben dafür gesorgt, dass Venedig gut bestückt ist mit moderner Kunst. Das Guggenheim-Museum zieht Besucher seit Jahrzehnten an, die Punta della Dogana des französischen Mäzens Pinault und der Spazio Vedova haben ihre Tore 2009 geöffnet.**

Im Garten sind die Stifterin und ihre 14 Hunde begraben, im Haus hängt die berühmte Kollektion. Die 1898 geborene Millionenerbin Peggy Guggenheim bewegte sich seit ihrer Jugend in Künstler- und Bohèmekreisen. 1938 eröffnete sie ihre erste Galerie und begann, in großem Stil zeitgenössische Kunstwerke zu kaufen. Von 1949 bis zu ihrem Tod 1979 lebte sie in Venedig. Im Palazzo Venier dei Leoni, einem nie ganz fertig gestellten Bau des 18. Jh., machte sie ihre große Privatsammlung der Öffentlichkeit zugänglich. In der **Collezione Peggy Guggenheim** 1 sind zahlreiche große Namen der Malerei und Bildhauerei des 20. Jh. vertreten. Hier hängen u. a. Gemälde von Picasso, Braque, Kandinsky, Dali, Magritte, De Chirico, Klee und Max Ernst (einem von Peggy Guggenheims drei Ehemännern). Im Skulpturengarten stehen Werke von Arp, Marini, Giacometti, Moore, Calder. Die angeschlossene Sammlung Gianni Matteoli zeigt als Dauerleihgaben Hauptwerke der italienischen Malerei des 20. Jh.: darunter vor allem Arbeiten der Futuristen, aber auch Bilder von Morandi und Modigliani.

## 11 | Moderne Kunst

### Viel Kohle, viel Kunst
Was haben Gucci, Yves Saint-Laurent, das Theater Marigny in Paris, das Auktionshaus Christies, das Weingut Chateau-Latour und der Fußballclub Stade Rennes gemeinsam? Sie alle gehören dem französischen Multimilliardär François Pinault. Der ehemalige Holzhändler aus einer Kleinstadt der Bretagne zählt heute zu den reichsten Männern der Welt. Zudem besitzt er eine der größten Sammlungen zeitgenössischer Kunst. Nachdem sich ein Museumsprojekt in Paris zerschlagen hatte, fand Pinault in Venedig für seine Ambitionen ein geeigneteres Pflaster. Die Stadtverwaltung überließ ihm für 33 Jahre das alte Zollgebäude an der **Punta della Dogana** 2 sowie den Palazzo Grassi am Canal Grande (s. S. 83). Der japanische Architekt Tadao Ando gestaltete die Ausstellungsräume. Seit dem Sommer 2009 sind in den beiden Museen rund 250 Arbeiten aus Pinaults Kollektion zu sehen. Nur einige Objekte werden dauerhaft ausgestellt, die meisten Kunstwerke wechseln in etwa zweijährlichem Rhythmus. Pinault besitzt nicht weniger als 2500 Werke, ein Großteil davon stammt aus den letzten Jahrzehnten. In der Punta Dogana sind gegenwärtig unter anderem vertreten: Maurizio Cattelan, Jeff Koons, Edward Kienholz, Sigmar Polke, Thomas Schütte, David Hammons, Julie Mehretu. Außerdem finden sich zahlreiche Arbeiten auch weniger bekannter Künstler.

### Mobiles Museum
Emilio Vedova (1919–2006) kam in den 1950er-Jahren als Vertreter des abstrakten Expressionismus zu internationalem Ruhm. Der gebürtige Venezianer erhielt 1960 den Großen Preis der Biennale und war vielfach auf der Documenta vertreten. Er hat fast sein ganzes Leben in Venedig verbracht. Zusammen mit seiner Frau Annabianca überließ Vedova kurz vor seinem Tod zahlreiche Werke einer Stiftung. Die Stadt Venedig

**Blick auf das Zollhaus mit modernem Innenleben – die Punta della Dogana**

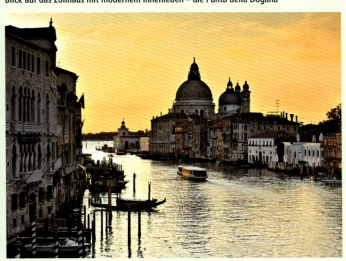

61

## 11 | Moderne Kunst

stellte das ehemalige Salzlager Magazzini del Sale zur Verfügung, der Stararchitekt Renzo Piano gestaltete die Räume des 2009 eröffneten **Spazio Vedova** 3. Es sind zahlreiche Werke Vedovas zu sehen; daneben finden immer auch Ausstellungen anderer zeitgenössischer Künstler statt.

### Info
**Collezione Peggy Guggenheim:** Fondamenta Venier 708, www.guggenheim-venice.it, Mi–Mo 10–18 Uhr, 14 €.
**Punta della Dogana:** Dorsoduro 2, www.palazzograssi.it, Mi–Mo 10–19 Uhr, 15 €, Reservierung: Tel. 199 112 112, www.vivaticket.it. Weitere Arbeiten aus Pinaults Sammlung sind im Palazzo Grassi ausgestellt, s. S. 83. Das Sammelticket für beide Museen kostet 20 €.
**Spazio Emilio Vedova:** Dorsoduro 266, Fondamenta delle Zattere allo Spirito Santo, www.fondazionevedova.org, Mi–Mo 10–18.30 Uhr, Eintritt 10 €.

### Alte Kunst
**Santa Maria della Salute** 4: Campo della Salute, tgl. 9–12, 15–18 Uhr. Die große Kuppelkirche an der Einfahrt zum Canal Grande prägt das Stadtbild. 1630 beschloss der Senat die Ausführung des Baus nach einer Pestepidemie: Architekt war der damals 26-jährige Baldassare Longhena. Die Anlage ist effektvoll auf Fernwirkung berechnet, man kennt sie von unzähligen Venedig-Ansichten. In der Sakristei (Eintritt 3 €) befinden sich Gemälde von Tizian und Tintoretto.

### Einkaufen
Am Weg gibt es viele interessante Geschäfte und Ateliers, s. S. 58.

**Gegenwartskunst des französischen Mäzens Pinault in der Punta della Dogana**

# 12 | Der schönste Blick auf die Stadt – San Giorgio Maggiore

**Karte:** ▶ E/F 8, G 7 | **Bootslinien:** 2: S. Giorgio, 2, 4.1, 4.2: Redentore, Zitelle
**Stadtteil:** Dorsoduro

**Das beste Venedig-Panorama genießt man vom Glockenturm von San Giorgio Maggiore, direkt gegenüber vom Markusplatz. Ein herrlicher Blick auf die Glockentürme und Dächer der Stadt, auf die Kurven der Kanäle und die weiten Bögen des Canal Grande und darüber hinaus auf die Inselwelt der Lagune. Auf der angrenzenden Giudecca-Insel präsentiert sich ein untouristisches Venedig ohne Glanz und Glamour.**

### Der Blick vom Campanile 1

Victor Hugo soll gesagt haben: »Man sollte nicht in Köln wohnen, um Deutz zu sehen, sondern in Deutz, um Köln zu sehen.« So ähnlich ist es in Venedig. Den schönsten Blick auf die Stadt hat man etwas außerhalb des Zentrums. Eine kurze Überfahrt mit dem Boot der Linie 2 führt vom Markusplatz zur Insel San Giorgio, raus aus dem Rummel, und dann geht's mit dem Aufzug hinauf zur Aussichtsplattform der Kirche. Nirgendwo gewinnt man einen besseren Überblick über die Stadtanlage. Der Blick aus der Vogelperspektive ist überwältigend. Gleich gegenüber stehen Dogenpalast und Markuskirche, drumherum erstrecken sich die Dächer und Türme, die Palazzi, Brücken und Kanäle. In großen Bögen zieht sich der Canal Grande durch die Stadt. Direkt unterhalb blickt man auf den Giudecca-Kanal und die gleichnamige Insel. Die dicht aneinander gedrängten Bauten des Zentrums werden eingefasst von der weiten Wasserfläche der Lagune mit ihren Inseln. Zum Meer hin begrenzen die lang gestreckten ›Lidi‹ das einzigartige Ensemble. Hier kann man lange verweilen, um den großartigen Eindruck vollständig aufzunehmen.

### San Giorgio Maggiore 2

Die Kirche San Giorgio Maggiore prägt das Stadtbild von Venedig wie der Dogenpalast und die Salute-Kirche.

63

## 12 | San Giorgio Maggiore

Kommt man, wie die früheren Reisenden, vom Meer her in die Stadt, so präsentiert sich die Kirche als einer der ersten Eindrücke. Der Bau wurde 1566 nach Plänen von Andrea Palladio begonnen; der Campanile entstand erst viel später, im Jahr 1791, nach dem Vorbild des Glockenturms von San Marco. Palladio stützte sich wie bei fast allen seinen Bauten auch bei S. Giorgio Maggiore auf antike Vorbilder. In der Fassade sind die römischen Motive des Tempels und des Triumphbogens sichtbar. Im Chor der Kirche befinden sich zwei großformatige Bilder von Jacopo Tintoretto, das »Abendmahl« und die »Mannalese«, in einer Seitenkapelle hängt Tintorettos letztes Bild, eine »Grablegung Christi«.

### Abstecher zur Giudecca-Insel

Von San Giorgio Maggiore können Sie mit der Linie 2 zur benachbarten Giudecca-Insel weiterfahren. In diese ehemaligen Arbeiterviertel verläuft sich kaum ein Tourist. Anders als im Zentrum stehen hier keine Palazzi, sondern meist nur einfache Wohnhäuser. Ein großer Bau sticht allerdings hervor: die Erlöserkirche **Santissimo Redentore** [3]. Sie wurde 1576 zum Dank für die Befreiung von einer Pestepidemie erbaut. Wie bei San Giorgio Maggiore war auch hier Andrea Palladio der Architekt. Streng mathematische Proportionen gliedern den Bau: So steht beispielsweise die Breite des Mittelteils der Fassade zur Gesamtbreite im Verhältnis 2:3, zur Höhe im Verhältnis 5:6, Höhe

**Immer eine gute Aussicht: der Blick auf San Giorgio Maggiore von San Marco …**

# 12 | San Giorgio Maggiore

... und in umgekehrter Richtung von San Giorgio Maggiore auf Campanile und Dogenpalast

und Breite der Fassade verhalten sich wie 4:5, das Hauptschiff ist genau doppelt so lang wie breit. Dahinter stehen antike Auffassungen von einer kosmischen Harmonie, die sich in mathematischen Formeln darstellen lassen. Palladio griff solche Vorstellungen auf und gab ihnen in seinen Bauten Ausdruck.

### Info
**Campanile di San Giorgio Maggiore:** Campo S. Giorgio, Bootslinie 2: S. Giorgio, Mai–Sept. 9–18.30 Uhr, Okt.–April 9 Uhr bis zum Sonnenuntergang, 6 €.
**San Giorgio Maggiore:** Öffnungszeiten wie Campanile.
**Chiesa del Santissimo Redentore:** Campo del SS. Redentore, www.chorusvenezia.org, Bootslinien 2, 4.1, 4.2: Redentore, 3 € oder Chorus Pass.

### Mit Aussicht
**La Palanca [1]:** Giudecca 448, Fondamenta S. Eufemia, Tel. 041 528 77 19, Bootslinien 2, 4.1, 4 2: Giudecca-Palanca, So/Fei geschl., Restaurant nur mittags geöffnet, Hauptgerichte 11–16 €. Die sehr freundlich geführte Bar-Trattoria liegt direkt am Giudecca-Kanal. Von den Tischen im Freien genießt man ein herrliches Venedig-Panorama. Kaffee, Wein und Aperitife gibt es hier ganztags, mittags bekommt man auch Gutes zu essen: Pasta in allen Variationen (z. B. mit Krabben und Steinpilzen oder im Tintenfischsud), frischen Fisch (etwa Thunfisch in Balsamicosauce mit Stangensellerie), aber auch vegetarische Gerichte wie Auberginen mit Büffelmozzarella.

# 13 | Juden in Venedig – im Ghetto

**Karte:** ▶ C/D 2 | **Bootslinien:** 4.1, 4.2, 5.1, 5.2 Guglie
**Stadtteil:** Cannaregio

**Viele tausend Juden lebten einst auf engem Raum im Ghetto der Stadt. Die alten Synagogen, ein kleines Museum, ein paar Läden und ein jüdisches Restaurant zeugen noch davon, ebenso wie die vielstöckigen, für Venedig ungewöhnlichen Wohnhäuser.**

Wie viele andere Handels- und Hafenstädte auch – Amsterdam und Hamburg, London und Livorno – war Venedig kosmopolitisch und relativ tolerant. So wurde es im Mittelalter ein bevorzugter Zufluchtsort der Juden, die sich hier vor christlichen Mitbürgern weniger zu fürchten hatten als anderswo. Doch auch die Republik Venedig unterwarf die Juden diskriminierenden Gesetzen. Seit 1516 wurden sie gezwungen, in einem eigenen Viertel zu leben. Man siedelte sie in einem kleinen Bereich im Nordwesten der Stadt an, in der Nähe des heutigen Bahnhofs. Die Insel, die den Namen ›Ghetto‹ erhielt, war besonders leicht unter Kontrolle zu halten. Sie hatte nur zwei Zugänge. Abends um elf wurden die Tore verschlossen; wer sich dann noch außerhalb des Ghettos aufhielt, wurde hart bestraft.

**Auf engem Raum**
Ähnliche Regeln galten in Venedig allgemein für fremde Volksgruppen. Man versuchte, auch Deutsche, Türken, Griechen unter Aufsicht zu halten. Für die rund 5000 venezianischen Juden galten aber weitere diskriminierende Vorschriften: Alle fünf Jahre mussten sie eine Verlängerung der kollektiven Aufenthaltserlaubnis teuer erkaufen, und viele Berufe waren ihnen verschlossen. Außerdem waren sie gezwungen, auf be-

## 13 | Juden in Venedig

sonders engem Raum zu leben. Auf der kleinen Ghetto-Insel konnten sie nur in fünf- oder sechsstöckigen Bauten untergebracht werden.

### Die Verfolgung
Judenpogrome hat es in der Geschichte Venedigs nie gegeben. Verfolgt wurden die Juden aber seit dem Dezember 1943, wenige Monate nach der Machtübernahme der Deutschen in Norditalien. Von den 1200 Mitgliedern der jüdischen Gemeinde wurden 200 in Konzentrationslager verschleppt und ermordet. Die meisten venezianischen Juden konnten sich retten; viele versteckten sich mit Hilfe anderer Einheimischer in den Monaten bis zum Zusammenbruch des faschistischen Regimes.

### Gang durchs Ghetto
Das Ghetto ist heute kein eigentlich jüdisches Viertel mehr. Zwar leben noch rund 600 Juden in Venedig; aber nur 30 von ihnen wohnen in diesem Bezirk. Nur die Synagogen und einige Läden erinnern noch an die jüdische Vergangenheit.

Man betritt das Viertel von den Fondamenta di Cannaregio durch den **Sottoportego del Ghetto Vecchio**. Linker Hand befindet sich das Restaurant **Gam-Gam** [1]. Jüdische Traditionen, wie sie hier gepflegt werden, haben die venezianische Kochkunst beeinflusst und sie beispielsweise mit Artischocken, Spinat, Auberginen und Melonen vertraut gemacht. Am Haus Nr. 1131, gleich hinter dem Restaurant, hängt eine steinerne Tafel aus dem Jahr 1704 mit einem Dekret des Senats, das jüdischen Konvertiten verbietet, die Häuser des Ghettos zu betreten; zur Abschreckung drohte man drakonische Strafen an. Um Scheinübertritte zu verhindern, war Juden, die zum Christentum übergetreten waren, der Kontakt zu den ehemaligen Glaubensgenossen streng verboten.

**Prachtvolle Innenausstattung in der Levantinischen Synagoge**

# 13 | Juden in Venedig

**Übrigens:** Das Wort Ghetto, das später für alle Judenviertel verwendet wurde, hat seinen Ursprung in Venedig. Es geht wahrscheinlich auf *gettare* zurück: auf den italienischen Begriff für das Schmelzen von Metallen, denn in dieser Gegend gab es früher mehrere Waffenfabriken. *Gettare* wurde deutsch ausgesprochen (also mit ›g‹ statt italienisch ›dsch‹). Als das Ghetto eingerichtet wurde, stammte die Mehrzahl der venezianischen Juden nämlich aus Deutschland.

Die eindrucksvollsten Gebäude des jüdischen Venedig sind die **Levantinische** 1 und die **Spanische Synagoge** 2 . Sehr viel schlichter wirken die **Italienische** 3 und die **Deutsche Synagoge** 4 sowie die **Sinagoga Canton** 5 . Man besichtigt jeweils drei Gebetshäuser auf einem geführten Rundgang (in englischer und italienischer Sprache), der im kleinen **Museo d'Arte Ebraica** 6 beginnt. Das Museum zeigt vor allem Kultgegenstände wie Pessah- und Purim-Teller, aber auch einen Hochzeitsvertrag aus dem 18. Jh.

Die beiden großen Synagogen wurden von Sephardim errichtet, d. h. von Juden, die nach der Vertreibung aus Spanien im 15. und 16. Jh. nach Venedig gelangt waren. Viele Sephardim waren sehr wohlhabend; dieser Reichtum spiegelt sich in ihren Gebetshäusern wider. Die prunkvollen Innenräume wurden wahrscheinlich von dem berühmten Architekten Baldassare Longhena entworfen. Das Schnitzwerk der Levantinischen Synagoge stammt von Andrea Brustolon, der als Holzschnitzer auch für die venezianische Aristokratie arbeitete. Mit der aufwendigen Ausstattung ihrer Gebetshäuser konkurrieren die Sephardim mit den noblen venezianischen Familien. Allerdings nur im Innenraum, denn am Außenbau war ihnen jegliche Prachtentfaltung untersagt.

Auch innen ganz schlicht gestaltet sind die Synagogen der italienischen, französischen und deutschen Juden. Sie wurden am Campo del Ghetto Nuovo in Privathäusern untergebracht, denn diese Gruppen waren nicht wohlhabend genug, um sich aufwendige Bauten leisten zu können. Paradox, aber wahr: ›Ghetto Nuovo‹ heißt der älteste Teil des Judenviertels.

## Info

**Museo d'Arte Ebraica** 6 : Campo del Ghetto Nuovo 2902/B, www.museoebraico.it, Okt.–Mai So–Fr 10–17.30, Juni–Sept. So–Fr 10–19 Uhr, Sa und an jüdischen Festtagen geschl., 4 €, mit Synagogenbesichtigung 10 €.

## Koschere Küche

**Gam-Gam** 1 : Sottoportico del Ghetto Vecchio 1122, Tel. 041 71 52 84, So–Do 12–22, Fr 12–15 Uhr, Hauptgerichte 12–18 €. Besonders empfehlenswert: der Vorspeisenteller *Antipasti israeliani* mit verschiedenen Gemüsesaucen, Salaten und Falafel. Auch der Couscous mit Fisch ist ausgesprochen lecker. Sehr faire Preise.

## Lesetipp

Das unterhaltsame Buch »Der Liebhaber ohne festen Wohnsitz« von Carlo Fruttero und Franco Lucentini bringt die Themen ›Venedig‹ und ›Juden‹ zusammen – allerdings eher assoziativ, mit der wirklichen Historie hat es nichts zu tun.

# 14 | Die Glasinsel – Murano

**Karte:** Karte 4 | **Bootslinien:** 4.1, 4.2: Museo, Faro

**China und Korea machen Konkurrenz – aber noch immer gibt es auf der Insel Murano Dutzende von Glasmanufakturen. Man kann den Glasbläsern bei der Arbeit zuschauen, billige Tierfiguren oder kostbare Glaskreationen kaufen und im Glasmuseum 4000 Exponate aus vielen Jahrhunderten bestaunen.**

Seit 700 Jahren ist Murano-Glas ein Qualitätsbegriff. 1292 bestimmte der venezianische Senat, dass Glaswerkstätten nur noch auf dieser Insel stehen dürften – angeblich wegen der Brandgefahr in Venedig, in Wirklichkeit wohl eher, weil man durch die Konzentration der Betriebe die Handwerker besser kontrollieren konnte. Denn die Produktionsverfahren waren alles andere als ›gläsern‹: Sie galten als Staatsgeheimnis. Auf ihren Verrat stand Gefängnis oder sogar die Todesstrafe. Den Glasbläsern war es sogar streng verboten auszuwandern. Der venezianische Geheimdienst setzte ihnen andernfalls nach, um sie noch im Ausland zu eliminieren. Andererseits genossen die Glashandwerker aber auch besondere Privilegien (s. S. 70).

### Glaskunst der Jahrhunderte

Das **Glasmuseum** 1 im früheren Bischofssitz **Palazzo Giustinian** präsentiert die ganze Fülle der Glaskunst aus vielen Jahrhunderten. Unter den rund 4000 Exponaten sind Lüster, Lampen, Teller, Gläser, Schalen, aber auch Spiegel (die in Venedig erfunden wurden), Reliquienbehälter und Skulpturen. Prunkstück der Sammlung ist die Coppa Barovier, eine Hochzeitsschale aus tiefblauem Glas. Es sind aber auch ägyptische, römische, spanische und böhmische Objekte zu sehen; besonders interessant wirken die zeitgenössischen Glaskunstwerke.

## 14 | Murano

### Die Kirchen von Murano

Vom Museum lohnt ein kurzer Abstecher zur romanischen Kirche **SS. Maria e Donato** 2, einem romanischen Bau aus dem 12. Jh. Die eleganten, fein abgestuften Apsiden springen sofort ins Auge. Im Innenraum begeistern ein Marien-Mosaik aus dem 13. Jh. und der ungewöhnliche Mosaikfußboden von 1140 mit Tierdarstellungen. Unter anderem sind hier Pfauen, Adler, Fantasietiere zu sehen und (zwischen der 2. und 3. Säule rechts) zwei Hähne, die einen an einen Balken gefesselten Fuchs tragen – das Symbol der Aufmerksamkeit, die über die Schlauheit siegt.

Über die Fondamenta Cavour und den Ponte Vivarini (Ponte Lungo) gelangt man zu den Fondamenta dei Vetrai. Hier steht die Kirche **San Pietro Martire** 3 aus dem 14. bis 16. Jh. – natürlich mit großen Glaslüstern im Innenraum. Sehenswert sind auch das farbenfrohe Bild des »Dogen Marco Barbarico vor der Madonna« und die »Himmelfahrt Mariens«, beide von Giovanni Bellini.

### Glasbläser bei der Arbeit

An den Fondamenta dei Vetrai, dem ›Ufer der Glasbläser‹, befinden sich noch heute die meisten Werkstätten. Noch immer werden hier Gläser hergestellt wie vor Jahrhunderten. Die Glasmanufakturen, die sich in diesem Gebiet konzentrieren, sind fast ausnahmslos für Besucher geöffnet. Man kann – ohne jeden Kaufzwang – den Handwerkern dabei zusehen, wie sie die rot glühenden Glasbälle aufblasen, auseinander ziehen, mit Zangen kunstvoll formen und dann abkühlen lassen. Das Spektrum der Glasobjekte ist unendlich groß: Vom riesigen Kristall-Lüster reicht es bis zum Mini-Seepferdchen oder den kleinen Glasperlen, den *margarite*. Die waren früher viel wert: Die venezianischen Kaufleute tauschten damit Gewürze und Seide im Orient ein. Edle Damen hängten Tausende solcher Perlen an ihre Roben.

Neben viel Kitsch entsteht auf Murano auch hochwertige Glaskunst, z. B. in den Ateliers von **Barovier & Toso** 1 (Fondamenta dei Vetrai 28, www.baroviertoso.it), **Venini** 2 (Fondamenta dei Vetrai 50, www.venini.com) und **Carlo Moretti** 3 (Fondamenta Manin 1, www.carlomoretti.com).

### Handwerker mit Privilegien

Als einer der ertragreichsten Produktionszweige genoss das Glasbläserhandwerk in Venedig stets eine privilegierte Stellung. Die Glaser hatten eine eigene Selbstverwaltung; die Zunftmitglieder durften sich wie die Adligen in ein ›Goldenes Buch‹ eintragen. Sozialvorschriften waren selbstverständlich. Für die Arbeiter gab es Kündigungsschutz, Renten, arbeitsfreie Monate zur Erhaltung der Gesundheit; die Kinder der Glaser besuchten eigene Schulen. Die Glashandwerker waren zudem die einzigen Bürger, deren Töchter problemlos in das Patriziat einheiraten konnten.

### Ein ›proletarisches‹ Venedig

Murano bietet, vom Glas einmal abgesehen, übrigens auch manch atmosphärischen Reiz. An vielen Stellen wirkt es wie ein ins ›Proletarische‹ übersetztes Venedig, mit schlichten Gassen und einfachen Häusern statt der vornehmen Palazzi. Seit 500 Jahren ist es eine Insel der Handwerker und einfachen Leute, eine Stätte der Produktion und nicht der Repräsentation.

Bis ins 16. Jh. allerdings sah es hier anders aus. Ihre Blütezeit hatte die Insel im späten Mittelalter. Damals wohnten auf Murano rund 30 000 Menschen. Venezianische Adlige errichteten sich hier prunkvolle Feriensitze. Im 16. Jh.

# 14 | Murano

kam dann der Niedergang. Die Glasindustrie verlor vorübergehend an Bedeutung, die Aristokraten zogen aufs Festland, wo sie nun ihre Landvillen erbauten. Vor allem im 19. Jh. wurden viele historische Gebäude abgerissen; stattdessen entstanden kleine Fabriken und neue Glasmanufakturen. So bildet Murano heute kein einheitliches historisches Ensemble wie Venedig, sondern eher ein Gemisch aus Hässlichem und Schönem. Doch auch hier wölben sich geschwungene Brücken übers Wasser, tuckern Boote durch die Kanäle, hört man die hallenden Schritte der Fußgänger ...

## Info
**Museo del Vetro (Glasmuseum):** Fondamenta Giustinian 8, www.museovetro.visitmuve.it, April–Okt. 10–18, Nov.–März 10–17 Uhr, 1. Jan., 1. Mai, 25. Dez. geschl., 6,50 € oder Museum Pass.
**SS. Maria e Donato:** Campo S. Donato, Mo–Sa 8–12, tgl. 15–18.30 Uhr.
**San Pietro Martire:** Fondamenta dei Vetrai, tgl. 15–18.30 Uhr.

## Tod in Venedig
Die Fahrt nach Murano kann man auf der Friedhofsinsel **San Michele** unterbrechen. Seit 1826 befindet sich hier der **Cimitero Comunale,** der Städtische Friedhof (▶ H 1–2, Bootslinien 41, 42: Cimitero, April–Sept. 7.30–18, Okt.–März 7.30–16 Uhr). Zuvor wurden die Adligen in den Kirchen, die Angehörigen des einfachen Volks auf den Plätzen der Stadt begraben. Die Renaissance-Kirche **San Michele in Isola** mit einem Kreuzgang des 15. Jh. empfängt die Besucher. Dahinter erstreckt sich unter Zypressen der Friedhof. Ausländische Touristen pilgern vor allem zu den Gräbern des Komponisten Igor Strawinsky, des Choreografen Sergej Diaghilew und des Dichters Ezra Pound.

71

# 15 | In der Lagune – Burano und Torcello

**Karte 2:** ▶ D 2 | **Bootslinien:** 12: Burano, Torcello

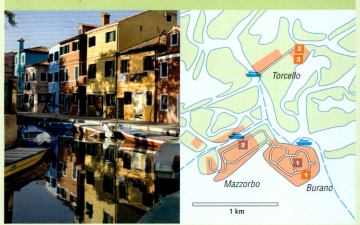

**Die weite Wasserfläche der Lagune ist Venedigs natürliche Umgebung. Zwei der vielen Inseln lohnen unbedingt den Besuch, und schon die Schiffsfahrt dorthin ist ein Vergnügen: Burano mit seinen farbigen Häusern und Torcello mit der alten Kathedrale.**

Schon die Anreise durch die Lagune begeistert: Man schaut auf den großen Wasserspiegel, die verstreuten, meist verlassenen Inseln und sieht bei gutem Wetter sogar die Bergsilhouette der Dolomiten. **Burano** ist überraschend lebendig. Hier findet man ein fast unwirklich fotogenes Dorf mit schmucken farbigen Häuser an kleinen Kanälen. Traditionell werden auf der Insel Spitzen gedreht und geklöppelt und überall bieten einheimische Frauen Decken, Taschentücher und Damenunterwäsche zum Verkauf an. Kunstinteressierte finden in der Kirche **San Martino** [1] eine Darstellung der »Kreuzigung« von Gianbattista Tiepolo.

In fünf Minuten setzt man von hier nach **Torcello** über. Die kleine Insel zieht Massen von Touristen an, die vor allem zur eindrucksvollen Kathedrale **Santa Maria Assunta** [2] pilgern. Die Kirche ragt hoch auf der fast verlassenen Insel auf; der Innenraum ist mit beeindruckenden Mosaiken des 12. und 13. Jh. geschmückt, darunter einer figurenreichen Darstellung des »Jüngsten Gerichts«. Neben der Kathedrale steht die romanische Rundkirche **Santa Fosca** [3] aus dem 11. Jh., ein paar Schritte weiter das bekannte, auf Hemingways Spuren gern von Prominenz besuchte Restaurant Locanda Cipriani. Viel mehr

# 15 | Burano und Torcello

gibt es auf der stillen Insel nicht; man kann sich kaum vorstellen, dass sich hier einmal eine Stadt von 20 000 Einwohnern befand. Die Ansiedlung wurde bereits 639 n. Chr. gegründet, war also älter als Venedig. Bis zum 13. Jh. hatte Torcello große Bedeutung als Hafen- und Handelsstadt, dann setzte ein rascher Niedergang ein, der mit einer fast vollständigen Entvölkerung endete.

## Die Lagune

Die Lagune von Venedig bildet einen flachen, über 40 km langen und 8 bis 12 km breiten Meerwassersee mit Hunderten von Inseln. Gegen das offene Meer wird sie durch drei lang gestreckte Landstreifen, die Lidi, abgegrenzt. Schon immer konnte das komplizierte Ökosystem der Lagune nur durch menschliche Eingriffe erhalten werden. Die Republik Venedig leitete z. B. den Fluss Brenta ab, um die Versandung zu verhindern, und befestigte die Lidi mit großen Steinwällen gegen die Erosion.

Im 20. Jh. entstanden neue Gefahren. Die Vertiefung der Kanäle für die Durchfahrt der Öltanker und Kreuzfahrtschiffe, die Verringerung der Wasserfläche durch Trockenlegen und Zubetonieren sowie das Absinken des Lagunengrunds durch Wasserentnahme haben die Strömungsverhältnisse verändert und tragen dazu bei, dass Venedig häufiger vom Hochwasser heimgesucht wird. Industrielle Schadstoffe im Wasser führen zur Korrosion an den Grundmauern der Bauten. Damit ist Venedigs Untergang zwar nicht besiegelt, wie manche Propheten behaupten. Aber es bedarf großer Anstrengungen, um dauerhafte Schäden von der Stadt fernzuhalten.

Gegenwärtig werden an den Öffnungen zwischen den Lidi hydraulisch aufblasbare Schleusen am Meeresgrund angebracht. Sie sollen bei Hochwassergefahr den Zufluss in die Lagune stoppen. Das kostspielige Projekt ist umstritten, seine Wirksamkeit wird sich erst in der Zukunft zeigen.

## Info

**Anfahrt:** bis Burano Bootslinie 12 ab Fondamenta Nuove, Fahrzeit 45 Min. Zwischen Burano und Torcello: Linie 9 (mit direktem Anschluss zur Linie 12 von und nach Venedig), Fahrzeit 5 Min.
**Cattedrale Santa Maria Assunta Torcello:** März–Okt. 10.30–17.30, Nov.–Febr. 10–16.30 Uhr, 5 €.
**Santa Fosca Torcello:** März–Okt. 10.30–17, Nov.–Febr. 10–16 Uhr.

### Essen und Trinken
**Romano** 1 : Burano, Via Baldassare Galuppi 221, Tel. 041 73 00 30, www.daromano.it, Bootslinie 12 (ab Venedig 40 Min.), Di geschl., Hauptgerichte 15–20 €, Menü 50–60 €, s. S. 98.
**Maddalena** 2 : Mazzorbo, an der Bootsanlegestelle, Tel. 041 73 01 51, Bootslinie 12: Mazzorbo (ab Venedig 35 Min.), Do geschl., Menü 25–30 €, s. S. 96. Das Restaurant ist auf einem schönen Spaziergang zu erreichen (Brücke zw. Burano und Mazzorbo).

**Mosaik in Santa Maria Assunta**

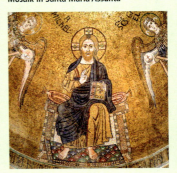

# Noch mehr Venedig

## Gebäude und Plätze

**Arsenal** ▶ J 5
*Castello, Campo dell'Arsenale,
Bootslinien 1, 4.1, 4.2: Arsenale*
Hier wurde Venedigs Macht zusammengezimmert: Im Arsenal entstanden die Kriegs- und Handelsschiffe der Stadt. Die 1104 gegründete und im Lauf der Jahrhunderte immer wieder erweiterte Anlage entwickelte sich im 15. Jh. mit 16 000 Arbeitern zur größten Schiffbaustätte der Welt. In dem Staatsbetrieb wurden Alte und Kranke versorgt, und es gab ein eigenes Schulsystem. Werkswohnungen für die Beschäftigten standen in der Nähe. Man produzierte nicht nur Schiffe, sondern auch Waffen, außerdem den Reiseproviant für die Schiffsbesatzungen: Besondere Öfen sorgten für extrem haltbare Kekse …

Heute ist das Arsenal eine Industrieruine. Glanzvoll allerdings ist nach wie vor der Zugang am Campo dell'Arsenale. Das Tor von 1460 ist der erste Renaissancebau in Venedig. Die Marmorlöwen sind Beutestücke aus Griechenland: Der linke stammt aus Piräus, der rechte aus Delos, den mittleren fand man auf der Heiligen Straße, die von Athen nach Eleusis führt.

**Biblioteca Marciana
(Markusbibliothek)** ▶ F 6
*S. Marco, Piazzetta S. Marco, www.marciana.venezia.sbn.it, Bootslinien 1, 2: Vallaresso, San Zaccaria, April–Okt. 10–19, Nov.–März 10–17 Uhr, 16 € (Ticket gilt auch für Dogenpalast, Archäolog. Museum, Museo Correr).*
Der monumentale Renaissancebau gegenüber dem Dogenpalast wurde zwischen 1537 und 1554 von dem florentinischen Architekten Jacopo Sansovino errichtet. Er beherbergt die bedeutenden Sammlungen der Biblioteca Marciana mit rund 750 000 Büchern und 13 000 Handschriften. Einige Räume kann man besichtigen.

**Ca' d'Oro** ▶ E 3
*Cannaregio, Calle di Ca' d'Oro,
Bootslinie 1: Ca' d'Oro*
Der schönste gotische Palazzo der Stadt (das ›Goldene Haus‹) wurde von 1421 bis 1440 erbaut. Die Verzierungen des durchbrochenen Mauerwerks erinnern an ein Gewebe feinster Spitzenarbeit. Die Innenräume kann man bei einem Besuch des hier untergebrachten Museums **Galleria Franchetti** (s. S. 80) bewundern. Besonders schön sind der Innenhof und der Ausblick von den Terrassen im ersten und zweiten Stock auf den Canal Grande.

**Campo San Polo** ▶ D 4
*Bootslinien 1, 2: S. Tomà,
1: S. Silvestro*
Der größte Platz Venedigs nach der Piazza S. Marco ist ein beliebter Treffpunkt der Einheimischen. Er liegt an der Strecke zwischen Rialto-Brücke und Frari-Kirche, in einem der für entspanntes Bummeln bestgeeigneten Viertel

# Noch mehr Venedig

Venedigs (s. S. 42). In der Umgebung gibt es zahlreiche interessante Läden, Bars, Restaurants und Sehenswürdigkeiten. Auf dem Platz kann man problemlos Stunden mit der Beobachtung des Straßenlebens verbringen.

### Ca' Rezzonico ▶ C 6
*Dorsoduro, Fondamenta Rezzonico, Bootslinie 1: Ca' Rezzonico*
Der große Barockpalast stammt von Baldassare Longhena, der auch die Salute-Kirche an der Einfahrt zum Canal Grande entwarf. Die kostbar ausgemalten Räume kann man besichtigen und erhält so einen Einblick in die venezianische Wohnkultur des 18. Jh. (s. auch Museo del Settecento Veneziano, S. 82).

### Casa di Marco Polo ▶ F 4
*Cannaregio 5858, Corte 2 del Milion, Bootslinien 1, 2: Rialto*
In dem bescheidenen Haus in der Nähe der Rialto-Brücke wurde angeblich im Jahre 1254 Marco Polo geboren, dessen Buch »Il Milione« als ausführlicher Bericht von einem jahrzehntelangen China-Aufenthalt Weltruhm erlangte. Immer wieder ist die Authentizität des Werks angezweifelt worden, und noch heute streiten sich die Gelehrten, ob Marco Polos Bericht wirklich auf eigenen Erfahrungen beruht.

### Casa di Tintoretto ▶ E 2
*Cannaregio 3399, Fondamenta dei Mori, Bootslinien 4.1, 4.2, 5.1, 5.2: Madonna dell'Orto*
Das hübsche gotische Haus war der Wohnsitz des Malers Jacopo Tintoretto, der hier 1594 starb und in der nahe gelegenen Kirche Madonna dell'Orto begraben liegt. Obwohl Tintoretto erfolgreich und berühmt war, hatte er bei

**Prachtvoller Zugang zum Arsenal, der einst größten Werft der Welt**

# Noch mehr Venedig

seinem Tod so wenig Geld zurückgelegt, dass seine Witwe den Senat für sein Begräbnis um Unterstützung bitten musste. Sein kleines Wohnhaus zeigt, wie bescheiden der Künstler hier lebte.

### Gondelwerft San Trovaso ▶ C 7
*Dorsoduro, Campo S. Trovaso,*
*Bootslinien 2, 5.1, 5.2: Zattere*
Noch fünf Gondelwerften *(squeri)* blieben in Venedig erhalten. Die von San Trovaso mit ihren Holzbalkonen ist die malerischste. Der Bau einer Gondel dauert etwa zwei Monate. Sie kostet rund 40 000 € und hält im Durchschnitt 30 Jahre – gelegentliche Reparaturen werden hier auch durchgeführt.

### Molino Stucky ▶ B 7
*Dorsoduro 810, Giudecca,*
*Campo S. Biagio,*
*www.molinostuckyhilton.com,*
*Bootslinien 2, 4.1, 4.2: Sacca Fisola*
Der Schweizer Unternehmer Giovanni Stucky ließ am westlichen Rand der Giudecca 1882 eine Getreidemühle als neogotischen Backsteinbau errichten. Der ungewöhnliche Bau stand in der zweiten Hälfte des 20. Jh. jahrzehntelang als Industrieruine da. Nach aufwendigen Umbauten ist heute ein Hilton-Hotel mit Kongresszentrum darin untergebracht.

### Ponte della Costituzione ▶ B 4
*S. Croce, Fondamenta di S. Chiara/*
*Fondamenta di S. Lucia, Bootslinien*
*1, 2: Piazzale Roma*
Viele zeitgenössische Architekten hätten gern in Venedig gebaut, dem Spanier Santiago Calatrava ist es gelungen. 1996 ›schenkte‹ er der Stadtverwaltung den Entwurf einer Brücke über den Canal Grande zwischen Piazzale Roma und Bahnhof. Nach langen Auseinandersetzungen um den Sinn des Baus – zwischen beiden Punkten verkehren Li-

nienboote im Fünf-Minuten-Takt – wurde das Werk 2008 fertig gestellt. Die Stadtverwaltung verzichtete auf eine offizielle Einweihungsfeier, da sie mit Protestdemonstrationen rechnete. Im chronisch finanzschwachen Venedig hatten die Baukosten sich gegenüber der ursprünglichen Planung fast verdoppelt und betrugen nun rund 12 Mio. Euro. Die 81 m lange und bis zu 10 m hohe Bogenbrücke ist eine Stahlkonstruktion, als Treppenstufen wurden abwechselnd Glas und das in Venedig viel verwendete Stein Pietra d'Istria eingelassen, das Geländer ist aus Glas und Bronze.

### Scala Contarini del Bòvolo ▶ E 5
*S. Marco, Calletta Contarini del Bòvolo,*
*www.scalabovolo.org, Bootslinien 1, 2:*
*Rialto, wg. Restaurierg. vorübergehend*
*nur von außen zu besichtigen*
Die hübsche, in einen Turm gebaute und von außen sichtbare Wendeltreppe dieses Palazzos ist ein verspieltes Renaissance-Kunstwerk. Über die Treppe konnte man den Turm besteigen, oben genoss man eine herrliche Aussicht über Dächer und Kuppeln der Stadt. Der Zugang erfolgte von einem kleinen, vom Campo Manin aus erreichbaren Hof.

### Seufzerbrücke
### (Ponte dei Sospiri) ▶ G 6
*San Marco, Molo/Riva degli Schiavoni,*
*Bootslinien 1, 2, 4.1, 4.2, 5.1, 5.2:*
*San Zaccaria*
Die berühmte Brücke verbindet den Dogenpalast mit den **Prigioni Nuove,** dem ersten Gebäude der Welt, das gezielt als Gefängnis erbaut wurde. Über die Brücke wurden die Gefangenen zum Verhör gebracht. Angeblich stießen sie tiefe Seufzer aus, wenn sie einen kurzen Blick auf die Stadt und die Lagune werfen konnten. Eine schöne Legende: aus der überdachten und an allen Seiten zu-

# Noch mehr Venedig

gemauerten Brücke kann man kaum herausschauen.

## Teatro La Fenice ► E 6

*S. Marco 2549, Campo S. Fantin, www.teatrolafenice.it, Bootslinien 1: S. Maria del Giglio, 1, 2: S. Marco/Vallaresso. Besichtigung: in der Regel tgl. 9.30–18 Uhr, wegen der Opernproben aber häufig nachmittags geschl. 9 €.*

In dem zwischen 1790 und 1792 errichteten Opernhaus La Fenice wurden zahlreiche Werke, u. a. Verdis »Rigoletto« und »La Traviata«, Rossinis »Tancredi« und Bellinis »Die Capuleti und die Montecchi« uraufgeführt. Zum 200-jährigen Jubiläum 1992 wurde es rundum erneuert und der Zuschauerraum auf 1150 Plätze vergrößert. Vier Jahre später brannte das Theater fast vollständig ab. Die Ursache war Brandstiftung: Eine mit Renovierungsarbeiten betraute Firma konnte die vereinbarten Termine nicht halten und steckte kurzerhand das Gebäude in Brand, um eine Vertragsstrafe abzuwenden. Außer rauchenden Trümmern blieb von dem Bau nur die Fassade übrig. Er wurde bis 2003 in jedem Detail originalgetreu wieder aufgebaut – übrigens als ›Kopie einer Kopie‹, denn die Oper war 1836 schon einmal vollständig ausgebrannt und nach dem alten Modell neu errichtet worden. Den Namen ›Fenice‹ (Phönix) trägt das Haus also mit voller Berechtigung – immer wieder ist es wie ein Phönix aus der Asche neu erstanden.

## Kirchen

### Chiesa dei Gesuati (Santa Maria del Rosario) ► C/D 7

*Dorsoduro, Fondamenta Zattere ai Gesuati, www.chorusvenezia.org, Bootslinien 5.1, 5.2, 61, 62: Zattere, Mo–Sa 10–17 Uhr, 3 € oder Chorus Pass*

Am Zattere-Kai schaut die Kirche mit ihrer Barockfassade auf den Giudecca-Kanal. Rundherum tobt das Leben, doch im stillen Innenraum kann man die Deckenfresken von Giambattista Tiepolo bewundern.

### Madonna dell'Orto ► E 1/2

*Cannaregio, Campo della Madonna dell'Orto, www.chorusvenezia.org, Bootslinien 4.1, 4.2, 5.1, 5.2: Madonna dell'Orto, Mo–Sa 10–17 Uhr, 3 € oder Chorus Pass*

Hinter der Backsteinfassade mit ihren gotischen Ornamenten verbirgt sich eine große Basilika mit zahlreichen Gemälden von Jacopo Tintoretto (1518–1594), der ganz in der Nähe der Kirche wohnte (s. S. 75). In der rechten Chorkapelle befindet sich sein Grabmal.

### San Francesco della Vigna ► H 4

*Castello, Campo S. Francesco, Bootslinien 4.1, 4.2, 5.1, 5.2: Celestia, 8–12 und 15–19 Uhr*

An einer Stelle, wo sich früher Weinfelder befanden (deshalb der Name ›della Vigna‹), haben zwei der bedeutendsten italienischen Architekten des 16. Jh. die große Kirche in einem etwas abgelegenen Stadtteil entstehen lassen: Jacopo

In 15 Kirchen, die von der Organisation Chorus verwaltet werden (www.chorusvenezia.org), kostet der Eintritt jeweils 3 €. Mit dem sehr empfehlenswerten **Chorus Pass** (12 €, für Familien 24 €, für Studenten 8 €, zum Vergleich: Einzeleintritt 3 €) kann man jede dieser Kirchen einmal besichtigen. Sonntagvormittags sowie am 25. Dez., 1. Jan. und 15. Aug. sind die meisten venezianischen Kirchen für Besucher geschlossen.

# Noch mehr Venedig

Der 14-jährige **Wolfgang Amadeus Mozart** wurde 1770 von der Nonne Maria Priuli zum Abendessen in das Zaccaria-Kloster (heute übrigens eine Carabinieri-Kaserne) eingeladen. Natürlich kam Papa Leopold mit, denn der Konvent war als sittenlos bekannt. Seine frommen Insassinnen, Töchter der venezianischen High Society, genossen ihre Privilegien und trieben, was sie wollten. Städtische Beamte, die nach dem Rechten schauen wollten, wurden angeblich von den zügellosen Mädchen mit Knüppeln und Steinwürfen empfangen.

Sansovino lieferte die Pläne und Andrea Palladio erbaute die Fassade. Zur Ausstattung gehören Gemälde von Giovanni Bellini und Paolo Veronese. Sehenswert sind auch die beiden schönen Kreuzgänge.

## San Giorgio dei Greci ▶ G 5

*Castello, Salita dei Greci, Bootslinien 1, 2, 4.1, 4.2, 5.1, 5.2: S. Zaccaria, Mo, Mi–Sa 9–12.30 und 14.30–16.30, So 9–13 Uhr*
Der schiefe Turm Venedigs erhebt sich über dem Gotteshaus der griechischen Gemeinde. Die Spätrenaissance-Kirche dient der griechisch-orthodoxen Glaubensgemeinschaft noch heute der Ausübung ihrer Religion. Der Innenraum ist reich mit Ikonen geschmückt.

## San Polo ▶ D 4

*S. Polo, Campo S. Polo, www.chorus venezia.org, Bootslinien 1, 2: S. Tomà, Mo–Sa 10–17 Uhr, 3 € oder Chorus Pass*
San Polo zählt zu den ältesten Gotteshäusern der Stadt: Die ursprüngliche Anlage ist über 1000 Jahre alt, sie geht auf das 9. Jh. zurück. Der heutige Bau

ist großenteils spätgotisch, mit Umbauten aus dem 19. Jh. Die Kirche beherbergt bedeutende Kunstwerke: eine Darstellung des »Abendmahls« von Tintoretto und die ungewöhnliche Bildfolge der »Via Crucis« von Giandomenico Tiepolo (1749).

## San Zaccaria ▶ G 5

*Castello, Campo S. Zaccaria, Bootslinien 1, 2, 4.1, 4.2, 5.1, 5.2: S. Zaccaria, 10–12 (außer So) und 16–18 Uhr*
Der Bau der venezianischen Architekten Antonio Gambello und Mauro Coducci entstand in den Jahren 1460 bis 1500 und gehörte bis 1810 zu einem Nonnenkloster. Die schöne Renaissance-Fassade dominiert den kleinen Platz vor der Kirche. Ein Hauptwerk der venezianischen Malerei ist die »Thronende Madonna mit Heiligen« von Giovanni Bellini (1505).

## Sant'Alvise ▶ D 1

*Cannaregio, Campo di S. Alvise, www.chorusvenezia.org, Bootslinien 4.1, 4.2, 5.1, 5.2: S. Alvise, Mo–Sa 13.45–17 Uhr, 3 € oder Chorus Pass*
Die Kirche aus dem 14. Jh. steht in einem der abgelegensten Stadtviertel. Im Chor befindet sich ein Hauptwerk Giovanni Battista Tiepolos, der »Gang Christi auf den Kalvarienberg« von 1743. Von Tiepolo stammt auch das Bild der »Dornenkrönung« an der rechten Langhauswand.

## Santa Maria Assunta dei Gesuiti ▶ F 2/3

*Cannaregio, Campo dei Gesuiti, Bootslinien 4.1, 4.2, 5.1, 5.2: Fondamenta Nuove, 10–12 (außer So), 16–18 Uhr*
Die aufwendig geschmückte Jesuitenkirche zeigt als bedeutendstes Kunstwerk am ersten Altar links die dramatische Darstellung »Martyrium des hl. Laurentius« von Tizian.

## Noch mehr Venedig

### Santa Maria Formosa ► G 5

*Castello, Campo S. Maria Formosa, www.chorusvenezia.org, Bootslinien 1, 2, 4.1, 4.2, 5.1, 5.2: S. Zaccaria, Mo–Sa 10–17 Uhr, 3 € oder Chorus Pass*

Die Renaissancekirche überragt einen hübschen Platz. Sie wurde 1493–1500 nach Plänen von Mauro Coducci errichtet. Im Innenraum befindet sich das schöne Gemälde einer »Hl. Barbara« von Palma dem Älteren (um 1520).

### Santa Maria della Pietà ► G 5

*Castello, Riva degli Schiavoni, Bootslinien 1, 2, 4.1, 4.2, 5.1, 5.2: S. Zaccaria, Di–Fr 10.15–12, 15–17, Sa/So 10.15–13, 14–17 Uhr*

Der Bau an der Uferpromenade Riva degli Schiavoni ist traditionell eines der bedeutendsten Zentren venezianischer Musik. Im 18. Jh. gehörten zur Kirche ein Waisenhaus mit einem berühmten Chor und eine renommierte Musikschule. Antonio Vivaldi lehrte, komponierte und dirigierte hier von 1703 bis 1745. Noch heute finden viele Konzerte statt. Das Deckenfresko »Marienkrönung« stammt von Giambattista Tiepolo.

### Le Zitelle ► E 8

*Dorsoduro (Insel Giudecca), Fondamenta delle Zitelle, Bootslinien 2, 4.1, 4.2: Zitelle, 9–12, 15–18 Uhr*

Den offiziellen Namen dieser Kirche (Santa Maria della Presentazione) kennt in Venedig kaum jemand. Einst befand sich an dieser Stelle ein kirchliches Heim für arme ledige Frauen (*zitelle*), die in Ermangelung einer Mitgift keinen Ehemann finden konnten. Die dazugehörige Kirche geht möglicherweise auf einen Entwurf Palladios zurück; sichere Belege dafür gibt es jedoch nicht.

## Museen

### Fondazione Querini-Stampalia ► G 5

*Castello 4778, Campiello Querini-Stampalia, www.querinistampalia.it, Bootslinien 1, 2, 4.1, 4.2, 5.1, 5.2: S. Zaccaria, Di–So 10–18 Uhr, 10 €*

Der Graf Giovanni Querini-Stampalia hinterließ 1868 seine Privatwohnung und seine Sammlungen (darunter eine

## Vivaldi und die Musik der Waisenhäuser

Am 6. Mai des Jahres 1678 wurde in der Kirche San Giovanni in Bragora **Antonio Vivaldi** getauft; er wohnte bis zu seinem 28. Lebensjahr im Geburtshaus am gleichnamigen Platz, das man allerdings nicht genau identifizieren kann (eines der Häuser zwischen den Nummern 3805 und 3809). Von 1703 bis 1738 unterrichtete der Komponist am nahe gelegenen Ospedale della Pietà an der Riva degli Schiavoni. Ospedali waren, anders als der Name vermuten lässt, Asyle für sozial Benachteiligte: Kranke, Arme, Alte, Waisen. In den vier wichtigsten venezianischen Ospedali erhielten Waisenmädchen Musikunterricht auf hohem Niveau. Im 17. und 18. Jh. waren diese Institutionen die einzigen Stätten in Europa, wo Frauen dirigierten und Musikunterricht gaben. Die Waisenhäuser zogen Berufsmusiker aus anderen Ländern an und wurden zum Vorbild für die späteren Konservatorien. Im Ospedale della Pietà studierten u. a. Domenico Scarlatti und Benedetto Marcello. In der benachbarten Chiesa della Pietà führte Antonio Vivaldi viele seiner Werke auf.

Noch mehr Venedig

## Tipps für Museumsbesuche

**Ermäßigungen:** Kinder bis 14 Jahren, Schüler und Studenten, Inhaber der Karte Rolling Venice (s. S. 20) und über 65-Jährige zahlen in vielen Museen nicht den vollen Preis.

**Gratis:** In den staatlichen Museen ist der Eintritt für EU-Bürger unter 18 und über 65 Jahren frei. Nehmen Sie einen Ausweis mit!

**Kombiticket:** Der Venezia Unica City Pass kostet 39,80 € und erlaubt den Zugang zu 15 Kirchen und zwölf Museen, darunter dem Dogenpalast (s. S. 20).

**Öffnungszeiten:** In den meisten Museen schließt die Kasse 30 bis 60 Minuten vor dem Ende der Öffnungszeit. Am 25. Dezember, 1. Januar und 1. Mai ist kaum ein Museum geöffnet.

**Onlinebuchung:** Einige Museen lassen sich online buchen, das erspart lästige Wartezeiten (z. B. beim Dogenpalast oder bei der Peggy Guggenheim Collection).

Bibliothek von 230 000 Büchern) der Stadt Venedig. Heute können Besucher sich hier ein Bild von der Wohnkultur reicher Venezianer im 19. Jh. machen – die alte Einrichtung blieb gut erhalten. Die Gemäldesammlung zeigt u. a. Bilder von Giovanni Bellini, Palma d. Ä. und Pietro Longhi. Das Erdgeschoss des Palazzo wurde von 1959 bis 1963 vom Architekten Carlo Scarpa restauriert, der außerdem auch den Garten entwarf.

### Galleria Franchetti alla Ca' d'Oro ▶ E 3

*Cannaregio 3932, Calle Ca' d'Oro, www.cadoro.org, Bootslinie 1: Ca' d'Oro, Mo 8.15–14, Di–So 8.15–19.15 Uhr, 6 €*

Die Kunstsammlung in dem schönen gotischen Palazzo **Ca' d'Oro** am Canal Grande (s. S. 74) zeigt eine Reihe hervorragender Gemälde. Darunter befinden sich ein »Heiliger Sebastian« von Andrea Mantegna, das Porträt eines venezianischen Ratsherrn von Tintoretto, eine »Venus« von Tizian, außerdem Bilder von Filippino Lippi, Antonius van Dyck, Francesco Guardi, Giovanni Bellini u. a.

### Ca' Pesaro Galleria Internazionale d'Arte Moderna ▶ E 3

*S. Croce 2076, Calle Pesaro, www.capesaro.visitmuve.it/en, Bootslinie 1: S. Stae, April–Okt. Di–So 10–18, Nov.–März Di–So 10–17 Uhr, 10 € (gültig auch für Museo d'Arte Orientale im selben Gebäude)*

Im venezianischen Museum für moderne Kunst im Palast Ca' Pesaro sind vor allem Werke zu sehen, die bei den Kunstbiennalen seit 1897 angekauft wurden, u. a. Arbeiten von Franz von Stuck, Max Liebermann, Auguste Rodin, Bonnard, Klimt, Klee, Kandinsky, De Chirico, Morandi, Miró, Chagall u. a.

### Museo Archeologico ▶ F 6

*San Marco 17, Piazzetta S. Marco, www.polomuseale.venezia.beniculturali.it, Bootslinien 1, 2, 4.1, 4.2, 5.1, 5.2: San Zaccaria, 1, 2: San Marco, April–Okt. tgl. 10–19, Nov.–März 10–17 Uhr (die Kasse schließt jeweils eine Stunde früher), 16 € (Ticket gilt auch für Dogenpalast und Museo Correr); Zugang durch den Eingang des Museo Correr (Piazza San Marco 52)*

Venezianische Adelsfamilien stifteten im Lauf der Jahrhunderte die kostbaren

80

antiken Funde des Archäologischen Museums. Unter den berühmtesten Arbeiten finden sich einige klassische griechische Frauenstatuen, drei ›gallische Krieger‹ aus Pergamon und der hellenistische Grimani-Altar mit der Darstellung von Dionysos-Szenen. Neben den griechischen und römischen Kunstwerken sind auch etliche Funde aus Ägypten und Mesopotamien ausgestellt.

## Museo d'Arte Orientale Ca' Pesaro ▶ E 3

*S. Croce 2076, Calle Pesaro, www. arteorientale.org, Bootslinie 1: S. Stae, April–Okt. Di–So 10–18, Nov.–März Di–So 10–17 Uhr, 10 € (gültig auch für Ca' Pesaro Galleria Internazionale d'Arte Moderna im selben Gebäude)*
Schwerpunkte dieser großen Sammlung ostasiatischer Kunst sind japanische Werke, vor allem Bilder des 17. bis 19. Jh., Waffen und Lackarbeiten, daneben werden auch chinesische und indonesische Kunstgegenstände gezeigt.

## Museo Correr ▶ F 6

*San Marco 52, Piazza S. Marco, www.correr.visitmuve.it, Bootslinien 1, 2, 4.1, 4.2, 5.1, 5.2: San Zaccaria, 1, 2: San Marco, April–Okt. tgl. 10–19, Nov.–März 10–17 Uhr (die Kasse schließt jeweils eine Stunde früher), 16 € (das Ticket gilt auch für Dogenpalast und Archäologisches Museum)*
Landkarten, Schiffsmodelle und -teile, Münzen, Dogengewänder und viele andere Fundstücke geben im ersten Stock des Museums am Markusplatz einen ausführlichen Einblick in die Stadtgeschichte. Ebenso bedeutend ist die Pinakothek im zweiten Stock mit Bildern von Giovanni Bellini, Vittore Carpaccio, Hugo van der Goes, Lucas Cranach, Pieter Brueghel u. a. Das angeschlossene

**Museo del Risorgimento** dokumentiert die Geschichte Venedigs unter österreichischer Herrschaft in den Jahren von 1815 bis 1866.

## Museo dei Dipinti Sacri Bizantini (Ikonenmuseum) – Istituto Ellenico ▶ G 5

*Castello 3412, Ponte dei Greci, www.istitutoellenico.org, Bootslinien 1, 2, 4.1, 4.2, 5.1, 5.2: San Zaccaria, tgl. 9–17 Uhr, 4 €*
Die Ikonensammlung mit Darstellungen aus fünf Jahrhunderten ist in Italien einzigartig. Sie geht auf die einstmals große griechische Kolonie in Venedig zurück.

## Museo Fortuny ▶ E 5

*S. Marco 3958, Campo S. Beneto, www.fortuny.visitmuve.it, Bootslinie 1: S. Angelo, 2: S. Samuele, Mi–Mo 10–18 Uhr (Kasse schließt um 17 Uhr), 10 €*
Das Multitalent Mariano Fortuny – er war Maler, Designer, Fotograf und Architekt – kleidete in seine schweren, kunstvoll gefärbten Stoffe Weltstars wie Eleonora Duse, Isadora Duncan und Sarah Bernhardt. Sein Palazzo verbreitet eine geheimnisvolle, leicht schwülstige Fin-de-Siècle-Stimmung. Hier finden häufig Ausstellungen statt.

## Museo di Palazzo Mocenigo ▶ D 3

*S. Croce 1992, Salizzada di S. Stae, www.mocenigo.visitmuve.it, Bootslinie 1: S. Stae, April–Okt. Di–So 10–17, Nov.–März Di–So 10–16 Uhr, 8 €*
Im 2013 renovierten Palazzo der Adelsfamilie Mocenigo, die sieben Dogen stellte, kann man sich gut vorstellen, wie venezianische Aristokraten im 18. Jh. lebten. Die Originalmöbel stehen noch an ihrem Platz, Gemälde und Fresken blieben erhalten. Das Museum zeigt außerdem wertvolle Stoffe und Kostüme.

## Noch mehr Venedig

**Fin-de-Siècle-Stimmung im Palazzo Fortuny**

### Ca' Rezzonico Museo del Settecento Veneziano ▶ C 6
*Dorsoduro 3136, Fondamenta Rezzonico, www.carezzonico.visitmuve.it, Bootslinie 1: Ca' Rezzonico, April–Okt. Mi–Mo 10–18, Nov.–März Mi–Mo 10–17 Uhr, 8 €*
Der Palazzo am Canal Grande vermittelt einen einzigartigen Einblick in die Wohnkultur der venezianischen Adligen im 18. Jh. Die Räume sind mit historischen Möbeln und Einrichtungsgegenständen ausgestattet, man sieht u. a. alte Schränke, Kommoden und Sessel, Seidentapeten, Wandteppiche, Kandelaber, Statuen, Porzellan, Keramik, Stoffe und Kostüme. Bemerkenswert sind die Gemälde, darunter hervorragende Deckenmalereien von Gianbattista Tiepolo. Sehenswert sind auch die Bilder seines Sohns Giandomenico Tiepolo und Darstellungen aus dem venezianischen Alltagsleben von Pietro Longhi. Außerdem sind der Vedutenmaler Francesco Guardi und die berühmteste venezianische Malerin Rosalba Carriera vertreten. Im Obergeschoss wurde eine Apotheke des 18. Jh. rekonstruiert.

### Museo di Storia Naturale ▶ D 3
*S. Croce 1730, Salizzada del Fondaco dei Turchi, www.msn.visitmuve.it, Bootslinie 1: Riva di Biasio, S. Stae,, Juni–Okt. tgl. 10–18, Nov.–März Di–Fr 9–17, Sa/So 10–18 Uhr, 8 €*
Im naturgeschichtlichen Museum sind u. a. ausgestellt: ein riesiges, 110 Mio. Jahre altes Dinosaurierskelett, das 1973 von einer italienischen Expedition in der Sahara gefunden wurde; ein Kriegsruderboot aus Neuguinea; ein Aquarium mit der typischen Meeresfauna der Felsformationen auf dem Grund der Adria: Fische, Muscheln, Schalentiere und Seepferdchen.

### Museo Storico Navale ▶ J 6
*Castello 2148, Riva S. Biagio, http://www.marina.difesa.it/EN/history/museums/Pagine/museostoriconavale.aspx, Bootslinien 1, 4.1, 4.2: Arsenale, Mo–Fr 8.45–13.30, Sa 8.45–13 Uhr, 1,55 €*

# Noch mehr Venedig

Das schönste Stück des Schifffahrtsmuseums ist ein 1830 geschaffenes Modell des *bucintoro,* des Prunkschiffs der Dogen. Auch sonst ist die Geschichte der venezianischen Seefahrt gut dokumentiert: mit vielen Bildern, Karten, Modellen und nautischen Geräten.

## Palazzo Labia ▶ C 2

*Cannaregio 275, Campo S. Geremia, Bootslinien 1, 2, 4.2, 5.2: Ferrovia, 1, 2: S. Marcuola*

Der große Saal des Palazzo – heute Sitz des staatlichen Rundfunk- und Fernsehsenders RAI – ist mit einigen der schönsten Bilder von Giambattista Tiepolo geschmückt. Für die Familie Labia, die aus Katalonien stammte und sich erst ab dem 17. Jh. zur hiesigen Aristokratie zählen durfte, hat der Künstler hier 1746/1747 schwungvolle Fresken geschaffen, wie Szenen aus dem Leben Kleopatras und die Allegorie des Alters, das die Schönheit entführt. Die Fresken werden gegenwärtig restauriert, das Ende der Arbeiten ist noch nicht abzusehen. Auskunft: Tel. 041 78 11 11.

## Palazzo Grassi ▶ D 5

*San Marco 3231, Campo San Samuele, www.palazzograssi.it, Bootslinie 2: S. Samuele, Mi–Mo 10–19 Uhr (Kasse schließt um 18 Uhr), 15 € (Sammelticket mit Punta della Dogana 20 €).*

Ebenso wie in der **Punta della Dogana** (s. S. 61) stellt im Palazzo Grassi der französische Multimilliardär François Pinault Werke aus seiner großen Sammlung zeitgenössischer Kunst aus.

## Scuola di San Giorgio degli Schiavoni ▶ H 5

*Castello 3259 A, Campo dei Furlani, Bootslinien 1, 2, 4.1, 4.2, 5.1, 5.2: S. Zaccaria, Mo 14.45–18, Di–So 9.15–13, 14.45–18, So, Fei 9.15–13 Uhr, 4 €*

Das einstige Bruderschaftsgebäude der ›Slawen‹, der in Venedig ansässigen Dalmater, wurde zwischen 1502 und 1507 von Vittore Carpaccio ausgemalt. Die farbenfrohen Gemälde zeigen sehr anschaulich Geschichten aus dem Leben der Heiligen Georg, Trifon und Hieronymus, außerdem einige biblische Szenen. Landschaften, Architektur, Stadtansichten und Gegenstände des täglichen Lebens werden liebevoll und detailreich dargestellt. Einige Bilder sind geradezu amüsant: Köstlich, wie die Mönche mit wehenden Rockschößen vor dem zahmen Löwen des hl. Hieronymus fliehen!

# Parks und Gärten

Grünflächen sind in Venedig rar. Schon immer wich man auf die Dachterrassen, die sogenannten Altane aus, wenn man ein Sonnenbad nehmen wollte. Kleine Gartenanlagen sind der **Giardino Papadopoli** an der Piazzale Roma (▶ B 4) und die **Giardini Ex Reali** beim Markusplatz (▶ F 6). Daneben gibt es nur eine ausgedehnte Grünfläche:

## Giardini Pubblici/Parco della Rimembranza ▶ K 7

*Castello, Bootslinien 1, 2, 4.1, 4.2, 5.1, 5.2: Giardini, 1, 4.1, 4.2, 5.1, 5.2: S. Elena*

In den Parkanlagen im entlegenen Ostteil der Stadt sind für gewöhnlich kaum Touristen unterwegs. Hier hocken die Pensionäre beim Gespräch auf den Bänken, Mütter beaufsichtigen ihre Kinder beim Spielen. Nur in den Sommern während der Kunstbiennale belebt sich das Gelände mit internationalem Publikum: Die Ausstellung moderner Kunst hat ihr Zentrum in den Giardini Pubblici, wo die – teilweise auch architektonisch interessanten – Länderpavillons stehen.

# Ausflüge

## Brenta-Villen

Alle wohlhabenden Familien Venedigs besaßen Ländereien auf der *terraferma*, den zur Republik Venedig gehörenden Gebieten des Festlands. Hier ließen sie zahlreiche Villen errichten. Der Star unter den Architekten war Andrea Palladio (1508–1580). Sein an antike Vorbilder anknüpfender Stil hat später bis in die Südstaaten der USA und nach Südafrika Nachahmer gefunden. Schon vor seiner Zeit, vor allem aber danach, boomte der Villenbau zwischen Venedig und Verona. Allein am Brenta-Kanal in unmittelbarer Nähe der Lagunenstadt liegen rund 125 Villen! Wenige von ihnen sind Besuchern zugänglich, die meisten können nur von außen betrachtet werden.

Die beiden berühmtesten Brenta-Villen sind die von Palladio erbaute **Malcontenta** (oder ›Villa Foscari‹, ▶ Karte 2, B 3) südlich von Mestre und die **Villa Pisani** (oder ›Villa Nazionale‹, ▶ Karte 2, außerhalb A 3) bei Stra in der Nähe von Padua. Die Malcontenta wird noch immer von den Besitzern bewohnt; sie zeigt an der Fassade das für Palladio charakteristische Tempelmotiv. Im barocken Prunkbau Villa Pisani haben viele gekrönte Häupter Europas geschlafen. Napoleon kaufte sie 1807 (und verbrachte in der neu erworbenen Immobilie *eine* Nacht!), dann gelangte sie in den Besitz der Habsburger und bot u. a. einem russischen Zaren, einem österreichischen Kaiser und später den italienischen Königen Unterkunft. 1934 wählte Mussolini das Haus als Schauplatz seiner ersten Begegnung mit Hitler. Die Villa Pisani hat das alles glimpflich überstanden und ist immer noch das Glanzbeispiel einer barocken Residenz: mit einem großem Park, zahlreichen reich geschmückten Sälen und einem großen Tiepolo-Fresko im Tanzsaal.

### Infos
**Öffnungszeiten:** La Malcontenta Mai–Okt. Di, Sa 9–12 Uhr, 10 €; Villa Pisani April–Sept. Di–So 9–19 Uhr, Okt.–März Di–So 9–16 Uhr, 7,50 €.

**Busse:** Malcontenta und Villa Pisani sind mit Bussen der Linie Venedig–Padua erreichbar. Sie fahren alle 30 Min. in Venedig ab Piazzale Roma (Buslinie 53).

## Lido, Pellestrina und Chioggia

»Tod in Venedig«, Filmfestspiele, Baderummel – auf dem **Lido** (▶ Karte 2, D 3) ist immer etwas los, seit im Jahre 1857 der dynamische Unternehmer Giovanni Busetto hier das erste Strandbad errichtete. Auf der einen Seite die Adria, auf der anderen Venedig, nur 15 Minuten entfernt, da war der touristische Boom gar nicht vermeidbar, und um die Wende zum 20. Jh. trafen sich am Lido die *upper ten* aus aller Welt. Mittlerweile gibt es exklusivere Ferienorte, aber die Luxushotels stehen noch

# Ausflüge

und eine gewisse Eleganz hat sich der Lido mit seinen Bürgerhäusern und Geschäften bewahrt. Luchino Visconti fand im Grand Hotel des Bains 1971 die richtige Atmosphäre für seine berühmte Verfilmung von Thomas Manns Novelle.

Ungewohnt, wenn man direkt aus Venedig kommt, ist hier der Autoverkehr. Mit dem Bus oder auch mit dem Fahrrad (s. rechts) kann man den ganzen 12 km langen Landstreifen entlangfahren und auf den angrenzenden Lido di Pellestrina übersetzen, wo die hübschen Fischerdörfer **San Pietro in Volta** und **Pellestrina** (▶ Karte 2, außerhalb C 5) weit entfernt scheinen vom venezianischen Trubel. Hier lässt es sich gut am Wasser entlangbummeln – und Fisch essen.

Wer mag, kann mit dem Schiff noch weiterfahren bis **Chioggia** (▶ Karte 2, außerhalb C 5). Das Fischerstädtchen am Südrand der Lagune hat Kanäle und Brücken wie Venedig; die Fußgänger und Schiffe müssen sich aber den städtischen Raum mit den Autos teilen. Auf den Straßen und Plätzen geht es laut, lebhaft und ›normaler‹ zu als in Venedig.

## Öffentliche Verkehrsmittel
Zum Lido fahren die **Bootslinien** 1, 2, 5.1 ab San Marco/Vallaresso bzw. San Zaccaria, Fahrzeit jeweils rund 15 Min.

Die Autofähre *(traghetto)* setzt von der Tronchetto-Insel zum Lido über, Fahrzeit 35 Min.

Weiterfahrt nach San Pietro in Volta und Pellestrina mit der **Buslinie** 11, häufige Verbindungen, Fahrzeit 40 Min.

Zwischen Pellestrina und Chioggia verkehren **Schiffe** etwa stündlich, Fahrzeit 25 Min.

**Busverbindung Venedig–Chioggia:** ab Piazzale Roma alle 30 Min., So, Fei stdl., Fahrzeit 50 Min.

## Fahrrad fahren auf den Lidi
Die Lidi eignen sich gut für Ausflüge mit dem Fahrrad: Die Strecken haben keine Steigungen, und es gibt wenig Autoverkehr. Anderen Radlern begegnet man ebenfalls kaum, der Reiz dieser Routen hat sich noch nicht herumgesprochen, schon gar nicht unter Touristen.

Meistens fährt man direkt am Meer, streckenweise kann man auf den großen Steindämmen radeln. Zwischen den einzelnen Inseln verkehren Fähren, auf denen man Fahrräder transportieren kann. Eine schöne Tour führt z. B. von S. Maria Elisabetta (der Anlegestelle der Boote, die von San Marco kommen) zum Fischerdorf Pellestrina und zurück (insgesamt rund 35 km).

**Fahrradverleih:** Lidoonbike und Venicebikerent, s. S. 24.

## Schiffsausflug zu den Villen

Man kann die Brenta-Villen auf organisierten Schiffsfahrten kennenlernen. Während der Tagestour auf dem Brenta-Kanal von Venedig nach Padua (Di, Do, Sa) passiert man rund 50 Villen. Bei den meisten Gebäuden – viele von ihnen sind für Besucher unzugänglich – genießt man nur die Außenansicht, aber drei der bedeutendsten Villen werden auch von innen besichtigt, nämlich die Villa Pisani, die Barchessa Valmarana (Villa Widmann) und La Malcontenta. Die Fahrt kostet 94 € (Kinder 55 €) pro Person inkl. Eintrittskarten und Rückfahrt mit dem Bus.
**Il Burchiello:** Tel. 049 87 60 233, www.ilburchiello.it

# Zu Gast in Venedig

Das fast 300 Jahre alte Caffè Florian gehört zu Venedig wie der Dogenpalast, die Gondeln und die Markuskirche. Das Ambiente ist nostalgisch, die Einrichtung museumsreif, die Preise sind rekordverdächtig. Und die Erinnerungen an berühmte Gäste hängen in der Luft …

# Übernachten

## Hotelkategorien und Preisniveau

Gerade in den unteren Hotelkategorien schwankt die Qualität stark. Bei den Ein-Stern-Hotels reicht das Spektrum von der ungepflegten Billigbleibe bis zur sympathischen Familienpension. Unter den Zwei-Sterne-Hotels gibt es etwas vernachlässigte Häuser, aber auch richtige ›Schatzkästchen‹. Drei-Sterne-Hotels bieten fast ausnahmslos einen guten Komfort. Erstklassige Unterkunft kann man in den Vier- und Fünf-Sterne-Häusern erwarten. Die Hotelpreise in Venedig sind im Sommerhalbjahr sehr hoch, sinken aber in der Nebensaison stark. Die im folgenden Adressenteil angegebenen Preise gelten – sofern nicht anders vermerkt – für ein Doppelzimmer mit eigenem Bad und Frühstück in der Hochsaison. Die Preise für Einzelzimmer sind im Allgemeinen rund 30 % niedriger.

## Schnäppchenpreise

In der Nebensaison (Nov.–Mitte März, mit Ausnahme der Weihnachtsferien und des Karnevals) sind die Hotelpreise fast überall erheblich niedriger, der Preisnachlass kann mehr als 50 % betragen!

## Bed & Breakfast

In Venedig gibt es gut 200 Bed & Breakfast-Adressen. Diese privat geführten Unterkünfte sind im Verhältnis zu den Hotels meist preiswerter. Eine Übersicht erhält man bei der Touristeninformation (s. S. 19) und auf www.turismovenezia.it (auf »Unterkünfte«/»Dove alloggiare« und »Bed &Breakfast« bzw. »Affittacamere« klicken. Die italienische Version ist vollständiger als die deutschsprachige Seite).

## Internet-Adressen

**www.trivago.de:** Die Site zeigt die im Preisvergleich jeweils günstigsten Internetangebote venezianischer Hotels.
**www.turismovenezia.it:** Offizielle Website mit vollständigem Unterkunftsverzeichnis.
**www.veniceby.com:** Gut aufgebaute, übersichtliche Seite mit Hotels und Privatunterkünften.
**www.hotel-venedig.it:** Relativ kleines Angebot, gute Hotelbeschreibungen, Verfügbarkeit sofort abfragbar.

## Reservierung und Buchung

Vor allem in den beliebten Reisemonaten April, Mai, September und Oktober sollte man seine Unterkunft unbedingt vorbestellen – auch Reisebüros sind dabei behilflich! Auch über Neujahr und an den Karnevalstagen ist die Reservierung dringend zu empfehlen. Besonders groß ist der Andrang an Ostern, um den 25. April (Nationalfeiertag) und den 1. Mai, wenn viele italienische Ausflügler für ein verlängertes Wochenende nach Venedig reisen. Im Juli und August findet man dagegen meist problemlos ein Quartier.

Übernachten

# Günstig und nett

*Wie privat zu Gast* – **Al Campaniel:** ■ **D 5,** S. Polo 2889, Calle del Campaniel, Tel. 041 275 07 49, www.alcampaniel.com, Bootslinien 1, 2: S. Tomà, DZ ohne Bad 80 €, mit Bad 110 €, in der Nebensaison 55/70 €. In dem einfachen Bed & Breakfast mit nur fünf Zimmern fühlt man sich, als sei man privat bei den Wirten zu Gast. Tadellose Zimmer, freundlicher Empfang und die optimale Lage in einem lebendigen Viertel sind die Vorzüge des Hauses.

*Von Studenten umgeben* – **Ca' Foscari:** ■ **C 5,** Dorsoduro 3887/B, Calle Marcona, Tel. 041 71 04 01, www.locandacafoscari.com, Bootslinien 1, 2: S. Tomà, DZ ohne Bad 99 €, mit Bad 120 €. Einfache, sehr ordentliche Unterkunft in dem lebendigen Stadtviertel bei der Uni. Viele Zimmer bieten einen schönen Blick auf die Dächer der Umgebung.

*Gartenzwerge mit Stil* – **Casa Boccassini:** ■ **F 3,** Cannaregio 5295, Calle del Fumo, Tel. 041 522 98 92, www.hotelboccassini.com, Bootslinien 4.1, 4.2, 5.1, 5.2: Fondamenta Nuove, DZ ohne Bad ab 90 €, mit Bad ab 120 €. Im hübschen Innenhof der freundlichen Pension kann man sich unter Weinlaub von den Stadtspaziergängen erholen. Als Gartenzwerge dienen stilecht venezianische Rokoko-Figuren.

*Genuss bei den Nonnen* – **Casa Cardinal Piazza:** ■ **E 2,** Cannaregio 3539/A, Fondamenta Gasparo Contarini, Tel. 041 72 13 88, www.casacardinalpiazza.org, Bootslinien 4.1, 4.2, 5.1, 5.2: Madonna dell'Orto, DZ 85 €. Kirchliche Unterkunft im historischen Palazzo Contarini-Minelli. Den Gästen steht ein wunderschöner großer Garten zur Ver-

fügung – eine solche Oase bietet in Venedig kein Luxushotel! Schlichte, ordentliche Zimmer, alle mit eigenem Bad. Das Haus schließt um 23 Uhr.

*Gästehaus mit Fresken* – **Foresteria Valdese:** ■ **G 4,** Castello 5170, Calle Lunga S. Maria Formosa, Tel. 041 528 67 97, www.foresteriavenezia.it, Bootslinien 1, 2, 4.1, 4.2, 5.1, 5.2: S. Zaccaria, DZ ab 100 €, Übernachtung im Schlafsaal pro Person 35 €. Das ehemalige Gästehaus der protestantischen Kirche ist im historischen Palazzo Cavagnis untergebracht. Manche Räume haben noch Deckenfresken. Freundlicher Empfang, Aufnahme 9–13 und 18–20 Uhr.

*Ohne Wirte* – **Mitwohnzentrale:** ■ **D 6,** S. Marco 2923, Calle Vitturi, Tel. 041 523 16 72, www.mwz-online.com, Bootslinien 1, 2: Accademia, 2: San Samuele. Vom schlichten Zimmer mit Badbenutzung bis zum Luxusapartment am Canal Grande bietet Helga Anna Gross Unterkünfte jeder Art an. Eine attraktive Wohnung für vier Personen kostet um 950 € pro Woche. Mindestaufenthalt: drei Tage.

*Familiär und übersichtlich* – **Alex:** ■ **D 4,** S. Polo 2606, Rio Terrà Frari, Tel. 041 523 13 41, www.hotelalexinvenice.com, Bootslinien 1, 2: S. Tomà, DZ ohne Bad 100 €, mit Bad 130 €. Vor allem französische Reisende schätzen das familiär geführte, kleine Hotel in der Nähe der Frari-Kirche. Die Zimmer sind einfach, aber korrekt. Die freundlichen Besitzer behalten über die maximal 20 Gäste leicht den Überblick.

# Stilvoll wohnen

*Skulpturengarten am Canal Grande* – **Accademia Villa Maravege:** ■

89

# Übernachten

**C 6,** Dorsoduro 1058, Fondamenta Bollani, Tel. 041 521 01 88, www.pensione accademia.it, Bootslinien 1, 2: Accademia, DZ ab 300 €, in der Nebensaison ab 150 €. Schon im Eingang des Palazzo aus dem 17. Jh. stehen Statuen, jedes der 27 Zimmer ist mit persönlicher Note eingerichtet. Aus dem angenehmen Garten blickt man auf den Canal Grande.

*Komfortabel und ruhig* – **American:** ■ **D 7,** Dorsoduro 628, Fondamenta Bragadin, Tel. 041 520 47 33, www.hotelamerican.com, Bootslinien 1, 2: Accademia, DZ um 250 €, in der Nebensaison um 120 €. Ein komfortables Hotel in ruhiger Lage an einem kleinen Kanal, die Zimmer sind sehr hübsch mit Möbeln im venezianischen Stil eingerichtet.

*Gepflegte Locanda* – **Casa Martini:** ■ **C 2,** Cannaregio 1314, Lista di Spagna, Tel. 041 71 75 12, www.casamartini.it, Bootslinien 4.1, 4.2, 5.1, 5.2: Guglie, DZ um 160 € (je nach Ausstattung und Aufenthaltsdauer), in der Nebensaison ab 80 €. In Luigi Martinis gepflegter Locanda fühlt man sich herzlich aufgenommen. Die freundliche Begrüßung, die mit Antiquitäten eingerichteten Zimmer, die kleine Gartenterrasse – alles trägt zum Wohlbefinden bei.

*Es blüht* – **Flora:** ■ **E 6,** S. Marco 2283/A, Calle dei Bergamaschi, Tel. 041 520 58 44, www.hotelflora.it, Bootslinien 1, 2: S. Marco/Vallaresso, DZ um 270 €, in der Nebensaison ab 140 €. Das Drei-Sterne-Hotel in der Nähe des Markusplatzes ist seit Jahrzehnten im Besitz derselben Familie, die sich aufmerksam um das Haus kümmert. Die unterschiedlich großen Zimmer sind persönlich eingerichtet; zur Ausstattung gehören alte Spiegel, Kristalllüster und Stuckdecken, auf den Fluren hängt neben alter Keramik auch moderne Kunst. Der hübsch begrünte Innenhof macht dem Namen des Hotels alle Ehre: Bei schönem Wetter kann man draußen frühstücken. Das Hotel ist bekannt und beliebt – rechtzeitig reservieren!

*Voller Erinnerungen* – **La Calcina:** ■ **D 7,** Dorsoduro 780, Fondamenta Zattere ai Gesuati, Tel. 041 520 64 66, www.lacalcina.com, Bootslinien 2, 5.1, 5.2: Zattere, DZ 180–330 €, in der Nebensaison ab 110 €. Weil hier im 19. Jh. der britische Schriftsteller John Ruskin (»The Stones of Venice«) residierte, wurde das Drei-Sterne-Hotel beim angelsächsischen Kulturpublikum als »Ruskin's Home« populär. Doch die Gegenwart des Calcina braucht sich vor der glanzvollen Vergangenheit nicht zu verstecken. Der Blick über den Giudecca-Kanal ist herrlich – am schönsten von der Dachterrasse. Alle Räume sind stilvoll und komfortabel eingerichtet. Zimmer 4 – mit edler Privatterrasse – ist zu Recht etwas teurer als die anderen: Hier fühlt man sich als Teil der *upper ten*.

*Frühstück am Kanal* – **La Corte:** ■ **G 4,** Castello 6317, Calle Bressane, Tel. 041 241 13 00, www.locandalacorte.it, Bootslinien 4.1, 4.2, 5.1, 5.2: Fondamenta Nuove, DZ 180 €, in der Nebensaison ab 120 €. Das kleine Hotel in einem Renaissance-Palazzo bietet stilvoll renovierte angenehme Zimmer, einige mit Blick auf den Kanal Rio di San Giovanni. Das Frühstück können die Gäste in dem hübschen Innenhof einnehmen, der dem Hotel auch seinen Namen gab.

*Gesamtkunstwerk* – **Locanda Novecento:** ■ **D 6,** S. Marco 2683, Calle del Dose, Tel. 041 241 37 65, www.novecento.biz, Bootslinie 1: S. Maria del

90

## Übernachten

Giglio, DZ um 280 €, in der Nebensaison um 180 €. Jedes der nur neun Zimmer stellt ein kleines Kunstwerk dar. Möbel, Stoffe, Teppiche, Gemälde, farbige Fenster, Schnitzereien und Jugendstil-Lampen bilden ein einzigartiges Ensemble im *stile scenografico* des frühen 20. Jh. Ein weiteres Plus ist der sehr freundliche Empfang.

*Traumblick auf die Markuskuppel –* **San Zulian:** ■ **F 5,** S. Marco 527, Campo della Guerra, Tel. 041 522 58 72, www.hotelsanzulian.it, Bootslinien 1, 2: Rialto oder San Marco/Vallaresso, DZ um 220 €, in der Nebensaison ab 100 €. Die Originalgemälde aus dem 19. Jh. hat der Patron inzwischen abgehängt – zu viele Gäste ließen ein Kunstwerk mitgehen. Das San Zulian bleibt trotzdem mit seiner hübschen Einrichtung und dem tadellosen Komfort ein Schmuckstück. Am schönsten ist Zimmer 304 im obersten Stockwerk: von der Terrasse ein Traumblick auf die Markuskuppel und die Dächer von Venedig.

*Blick auf die Lagune –* **Seguso:** ■ **D 7,** Dorsoduro 779, Zattere ai Gesuati, Tel. 041 528 68 58, www.pensione seguso.com, Bootslinien 2, 5.1, 5.2: Zattere, DZ um 180 €, in der Nebensaison ab 80 €. Die ideale Unterkunft für Nostalgiker: Seit über 100 Jahren in Familienbesitz mit stilvoll altmodischen Zimmern, einer Bibliothek und einem Jahrhundertwende-Salon. Nussbaum-Möbel und Stuckdecken. Die Aussicht auf den Giudecca-Kanal bieten nur die Räume ohne eigenes Bad (dafür empfiehlt es sich, »facciata Giudecca« zu reservieren!).

**Dicht bewachsen – der Innenhof des Hotel Flora**

# Essen und Trinken

## Venezianische Küche

Trotz des touristischen Betriebs kann man in Venedig ausgezeichnet und vergnüglich speisen. Zwar gibt es, wie nicht anders zu erwarten, jede Menge Touristenfallen, in denen lieblos gekocht und aufgetischt wird. Aber erfreulicherweise pflegen viele Restaurants und Trattorien noch immer die traditionelle venezianische Küche und bringen solide, oft sogar vorzügliche Speisen auf den Tisch. Fisch spielt dabei die Hauptrolle. Auf dem Fischmarkt bei der Rialto-Brücke kann man sich davon überzeugen, welche Vielfalt an Meerestieren die Adria noch bietet. Die italienische Spitzenküche ist in Venedig allerdings kaum vertreten. In den Luxusrestaurants mit ihrer internationalen Klientel zahlt man meist einen kräftigen Ambiente-Zuschlag – dafür sind sie dann kulinarisch doch nicht gut genug.

## Die Mahlzeiten

Die Genüsse bei *pranzo* und *cena* (Mittag- und Abendessen) trösten über das oft kärgliche Frühstück hinweg. Italiener geben sich am Morgen für gewöhnlich mit einem schnellen *espresso* oder *cappuccino* und einem Hörnchen *(cornetto/brioche)* zufrieden. Daher entspricht das Frühstücksangebot in den Hotels der einfacheren Kategorien oft nicht mitteleuropäischen Erwartungen. Drei- und Vier-Sterne-Hotels bieten ihren Gästen allerdings meist ein reichhaltiges Frühstück, das auch den Ansprüchen amerikanischer oder nordeuropäischer Gäste gerecht wird. Mittags und abends kann man dafür vorzüglich und ausgiebig speisen.

## Öffnungszeiten

Cafés und Gelaterie öffnen meist von 10–21 Uhr. Restaurants servieren für gewöhnlich zwischen 12.30 und 14/14.30 Uhr das Mittagessen und von 19/19.30 bis etwa 22 Uhr das Abendessen, während *bácari* (s. S. 99) oft ganztags kleine Spezialitäten anbieten. Bei den folgenden Restaurantadressen sind nur von diesen Grundregeln abweichende Öffnungszeiten angegeben.

## Der gute Ton

Ein komplettes Menü besteht aus *antipasto* (Vorspeise), *primo* (erster Gang: Teigwaren, Risotto oder Suppe), *secondo* (Hauptgang: Fleisch- oder Fischgericht) und Obst *(frutta)* oder Dessert *(dolce)*. Beilagen *(contorni)* zum Hauptgericht müssen gesondert bestellt werden. In manchen Restaurants wird es ungern gesehen, wenn Gäste sich mit einem Teller Nudeln und einem Salat begnügen. Doch man ist nicht verpflichtet, sich durch das ganze Menü zu ›arbeiten‹ – die Kombinationen Vorspeise/Nudelgericht oder Hauptgang/Nachspeise sind auch unter Italienern üblich.

In manchen, vor allem einfacheren Lokalen wird die Speisekarte mündlich angesagt. Fragen Sie nach *la lista*, man wird Ihnen dann die Karte bringen.

Gewöhnlich setzt man sich nicht einfach an einen Tisch, sondern lässt sich einen Platz zuweisen, auch in einfachen Lokalen. Will man die Bedienung auf sich aufmerksam machen, so spricht man sie mit *signore* (mein Herr), *signora* (meine Dame) oder *signorina* (mein Fräulein) an. Drängeln und Eile beim Essen werden in Italien ungern gesehen.

## Bezahlen

Brot und Gedeck *(pane e coperto)* werden in den meisten Restaurants mit einem Festpreis (gewöhnlich zwischen 1,50 und 3 €) in Rechnung gestellt, unabhängig davon, wie viel der Gast verzehrt. Bedienungsgeld *(servizio)* wird manchmal extra berechnet, muss dann aber auf der Speisekarte angegeben sein. Trinkgeld ist nicht unerlässlich, aber üblich. Man lässt es beim Verlassen des Lokals auf dem Tisch liegen.

Bei Fischgerichten wird der Preis auf den Speisekarten meist pro 100 g *(= 1 etto)* angegeben, die gesamte Portion kostet also das Drei- bis Fünffache!

## Preisniveau

Ein dreigängiges Menü (Nudeln, Hauptgericht mit Beilage und Dessert) ist in preisgünstigen Lokalen für 20 bis 30 € erhältlich, in einem mittleren Restaurant kostet es um 35 €. Für ein Feinschmeckermenü gibt man in Spitzenrestaurants 50 € und mehr aus. Dazu kommen die Getränke: Wasser ist meist preiswert, die günstigste Flasche Wein kostet je nach Lokal 8 bis 15 €. Offener Wein *(vino sfuso* oder *vino della casa)* ist billiger, aber nicht in allen Restaurants erhältlich. Die in diesem Kapitel angegebenen Menüpreise gelten jeweils für drei Gänge, ohne Getränke. Bei den Preisen für ein Hauptgericht sind Beilagen im Allgemeinen nicht enthalten.

# Cafés und Gelaterie

*Erste Sahne –* **La Boutique del Gelato:** ■ **F 4**, Castello 5727, Salizzada S. Lio, Bootslinien 1, 2: Rialto. Eine der besten Eisdielen in Venedig. Es gibt wenige, aber sorgfältig zubereitete Geschmacksrichtungen. Cremige Konsistenz und Riesenportionen.

*Versteckte Genüsse –* **Bucintoro:** ■ **D 4**, S. Polo 2229, Calle del Scaleter, Bootslinie 1: S. Stae, S. Silvestro, Mo geschl. In der ›Straße der Zuckerbäcker‹ *(scaleter)* liegt versteckt eine der ältesten Konditoreien Venedigs. Die eher einfache Bar-Pasticceria bläst sich nicht mit dem Prunk venezianischer Nobelcafés auf; aber die hausgemachten Kuchen gehören zu den besten der Stadt und die Kundschaft besteht – eine Ausnahme in Venedig – mehr aus Einheimischen als aus Touristen.

*Klassiker am Markusplatz –* **Caffè Florian:** ■ **F 5**, s. S. 31. Das berühmteste Café der Stadt.

*Das Klavier säuselt –* **Chioggia:** ■ **F 6**, Piazzetta S. Marco 11, Bootslinien 1, 2: S. Marco. Das historische Café gegenüber vom Dogenpalast ist hübsch eingerichtet und wird von romantischen Klaviertönen beschallt, für die man allerdings einen satten Aufpreis zahlt. Innen ist es ziemlich eng; besser sitzt man draußen auf der Piazzetta, mit Blick auf Gondeln und Touristen.

*Kuchen mit Ruhe –* **Didovich:** ■ **F 4**, Castello 5908, Campo di S. Marina, Bootslinien 1, 2: Rialto, So geschl. Die Pasticceria-Bar am Campo di S. Marina hat ein gutes Kuchenangebot. Abseits der Touristenströme sitzt man wunderbar an dem kleinen Platz, obwohl die Stühle nicht die allerbequemsten sind.

Essen und Trinken

*PARADISO PERDUTO* ✔
*(in Cannaregio)*

In italienischen Restaurants ist **Mineralwasser** meist sehr preisgünstig. Es wird *con gas* oder *senza gas*, d. h. mit oder ohne Kohlensäure angeboten. Grundsätzlich ist aber auch das **Leitungswasser** in Venedig – wie überall in Italien – problemlos trinkbar!

*Riesenauswahl –* **Caffé del Doge:** ■ **E 4,** s. S. 45. Die größte Auswahl an Kaffee aus aller Welt.

*Ganz entspannt –* **Fujiyama:** ■ **C 6,** Dorsoduro 2727, Calle Lunga San Barnabà, Bootslinie 1: Ca' Rezzonico, Mo-Sa 11–19.45 Uhr. Der Name trügt nicht: dieser Teesalon ist sehr »zen«, für Venedig eher untypisch, aber äußerst angenehm. Lockere Stimmung, diskreter Jazz im Hintergrund, eine versteckte Terrasse voller Pflanzen: eine entspannte Oase im Trubel der Stadt. Im Angebot u. a. 40 Sorten Tee, Kaffee, Obstsäfte, Wein und Pain au chocolat.

*Eis in Spitzenqualität –* **La Mela Verde:** ■ **G 5,** Castello 4977, Fondamenta de l'Osmarin, Bootslinien 1, 2, 4.1, 4.2, 5.1, 5.2: San Zaccaria, Mo geschl. Abseits der touristischen Trampelpfade, aber trotzdem hat diese Eisdiele mit gutem Grund einen treuen, auch internationalen Kundenstamm. Gelati vom feinsten!

*Kleiner Laden, große Klasse –* **Squero:** ■ **C 6,** Dorsoduro 990, Fondamenta Nani, Bootslinien 2, 5.1, 5.2: Zattere. Der kleine Eissalon hat mit großer Konkurrenz zu kämpfen: Wenige Schritte entfernt lockt die Gelateria Nico die Kundschaft mit einer schönen Terrasse am Giudecca-Kanal. Aber im Squero ist das Eis ausgezeichnet und deshalb gibt es keine Verkaufsprobleme:

Oft drängen sich die Einheimischen bis auf die Gasse.

## Gourmet-Lokale

*Raffiniert am Rialto –* **Fiaschetteria Toscana:** ■ **F 4,** Cannaregio 5719, Salizzada di S. Giovanni Crisostomo, Tel. 041 528 52 81, www.fiaschetteriatoscana.it, Bootslinien 1, 2: Rialto, Di und Mi mittags geschl., Hauptgerichte ab 18 €, Menü 45–60 €, Mittagsmenü (2 Gänge) 24 €. Eine sichere Adresse für Feinschmecker in unmittelbarer Nähe der Rialto-Brücke. Der Name des Lokals täuscht: Vorwiegend werden venezianische Gerichte serviert. Das stilvolle, aber in keiner Weise überzogene Ambiente zieht Einheimische wie Touristen an. Die Küche ist exzellent, die Weinkarte monumental. Vorzügliche Desserts, vom Honig-Nuss-Parfait bis zum Semifreddo in Orangen-Karamel-Sauce.

*Kreative Spitzenküche –* **Il Ridotto:** ■ **G 5,** Castello 4509, Campo SS. Filippo e Giacomo, Tel. 041 520 82 80, Bootslinien 1, 2, 4.1, 4.2, 5.1, 5.2: S. Zaccaria, Di/Mi geschl, Hauptgerichte um 25 €, Degustationsmenü (5 Gänge) 70 €, kleines Mittagsmenü 28 €. Die sehr einfallsreiche und originelle Küche verliert nie den Boden unter den Füßen. In allen Gerichten klingen vielfältige Aromen stimmig und ausgewogen zusammen, z. B. im ›Sandwich‹ mit Sardinen, Ricotta, kandierten Kapern und Tomaten, im Gemüse-Couscous mit mariniertem Tintenfisch, in der Apfeltorte mit Quittenmarmelade. Unbestritten große Küche! Reservierung empfohlen.

*Treffpunkt der Edelschmecker –* **Osteria da Fiore:** ■ **D 4,** S. Polo 2202/72 13 08, Bootslinie 1: S. Silvestro, S. Stae, So geschl., Degustationsmenü (6

94

*REMER (Nähe Rialto)*

## Essen und Trinken

Gänge) 120 €, Mittagsmenü (3 Gänge) 50 €, 3 Gänge à la carte um 100 €. Die ehemalige Kneipe hat sich zum Edelrestaurant entwickelt, in dem venezianische Feinschmecker und Schickimickis ebenso essen gehen wie Amerikaner, Schweizer und Deutsche mit dem Gourmetführer unter dem Arm. Aus Mara Martins Küche kommen Fischgerichte bester Qualität, aber auch sehr gute *risotti* (z. B. mit Steinpilzen und Scampi) und bemerkenswerte *dolci.* Allerdings liegen die Preise hier auf dem Niveau der allerbesten Restaurants Italiens, zu denen das Fiore nun doch nicht zählt. Reservierung unbedingt empfohlen.

*Rundum stimmig –* **Osteria di Santa Marina:** ■ **F 4,** Castello 5911, Campo S. Marina, Tel. 041 528 52 39, Bootslinien 1, 2: Rialto, So und Mo mittags geschl., Hauptgerichte um 27 €, Menü um 55 €. Das gepflegte Lokal besticht mit sehr feinen innovativen Gerichten. Auf der Speisekarte finden sich so ungewöhnliche Köstlichkeiten wie Tintenfisch-Ravioli in Hummersauce, Steinbutt mit Gänseleber auf Kichererbsenpüree und Haselnussrollen in Schokoladenmousse. Auch das rundum angenehme Ambiente und der zuvorkommende Service sind voll und ganz überzeugend.

*Fischgerichte in Spitzenqualität –* **Alle Testiere:** ■ **F 5,** Castello 5801, Calle del Mondo Nuovo, Tel. 041 522 72 20, Bootslinien 1, 2, 4.1, 4.2, 5.1, 5.2: S. Zaccaria, 1, 2: Rialto, So geschl., Hauptgerichte um 25 €, Menü um 60 €. Das größte Problem in diesem kleinen Lokal ist, einen der nur 20 Plätze zu bekommen. Wenn das aber gelungen ist, gibt es garantierten Genuss. Die ausgezeichnete Fischküche orientiert sich am täglichen Marktangebot, daher wechselt die Speisekarte häufig. Vorzüglich sind beispielsweise die Antipasti mit Meeresfrüchten, aber auch Gnocchi mit Tintenfisch, Petersfisch mit Steinpilzen oder Schwertfisch in einer Sauce aus Weißwein, Oliven und Kapern.

## Gut und günstig

*Hausmacherküche auf Murano –* **Ai Bisatei:** ■ **Karte 4,** Murano, Campo San Bernardo 6, Tel. 041 73 95 28, Bootslinien 4.1, 4.2: Venier, tgl. mittags geöffnet, Menü um 25 €. Eine ›typisch‹ italienische Trattoria alten Stils, wie man sie in Venedig kaum noch findet. Angenehme Hausmacherküche mit einfachen Traditionsgerichten wie Spaghetti mit Tintenfisch oder Muscheln, *fritto misto,* Stockfisch und Kochfleisch.

*Kleiner Hunger –* **Boldrin:** ■ **F 4,** Cannaregio 5550, Salizzada S. Canciano, Tel. 041 523 78 59, Bootslinien 1, 2: Rialto, Mo–Sa 9.30–20 Uhr, Pasta 8 €, Hauptgerichte 6,50–12 €. Ein langer Raum, die Wände sind voll mit Weinregalen, vorn der Tresen, über die ununterbrochen gefüllte Gläser, belegte Brote und warme Tellergerichte wandern. In der Enoteca herrscht allenfalls früh morgens Ruhe, ab dem späten Vormittag ist ständig etwas los. Mit gutem Grund: Die fantasievollen *panini* und die kleinen Speisen sind vorzüglich, das Ambiente unterhaltsam. Hervorragende Adresse für den kleinen und mittleren Hunger.

*Immer voll –* **Dalla Marisa:** ■ **B 2,** Cannaregio 652/B, Fondamenta S. Giobbe, Tel. 041 72 02 11, Bootslinien 4.1, 4.2, 5.1, 5.2: Tre Archi, So, Mo, Mi jeweils abends geschl., Menü um 30 €, Mittagsmenü (zwei Gänge) 15 €. Das beliebte Lokal ist praktisch immer ausgebucht (unbedingt reservieren!), mit gutem Grund: die Atmosphäre ist fami-

## Essen und Trinken

liär, das Essen sehr angenehm und die zum größeren Teil einheimische Kundschaft trifft hier Freunde und Bekannte. Es gibt vorwiegend Fischgerichte. Besonders gut ist die hausgemachte Pasta.

*Wildenten auf der Insel* – **Maddalena:** ■ Karte S. 72, Mazzorbo, Imbarcadero (Bootsanlegestelle), Tel. 041 73 01 51, Bootslinie 12: Mazzorbo (ab Venedig 35 Min.), Do geschl., Menü 25–30 €. Das Restaurant liegt direkt an der Bootsanlegestelle der Insel Mazzorbo; im Sommer blickt man von der Terrasse über den Tellerrand auf die ankommenden Schiffe. Auch der Innenraum ist trotz Wartesaal-Architektur ansprechend: An allen Wänden hängen Gemälde. Eine besondere Spezialität sind neben Fischgerichten die vorzüglichen Wildenten *(anatre selvatiche)*, die gebraten oder in einer Nudelsauce auf den Tisch des Hauses kommen. Auch das örtliche *dolce* sollte man nicht vergessen: Kekse aus Burano, die in Fragolino, einen Rotwein mit leichtem Erdbeergeschmack, getaucht werden.

*Junger Opa* – **Al Nono Risorto:** ■ **D/E 4,** Santa Croce 2338, Sottoportego de Siora Bettina (beim Campo S. Cassiano), Tel. 041 524 11 69, Bootslinien 1: S. Stae oder Rialto/Mercato, Mi, Do mittags geschl., Pizza ab 8 €, zweigängige Menüs 16/18 €, Hauptgerichte à la carte ab 12 €. Das Lokal des ›auferstandenen Opas‹ wird von jungen Leuten geführt – und vorwiegend auch von solchen besucht. Die einfache Einrichtung überzeugt auf den ersten Blick: Hier geht's solide zu. Holztische, ein langer Tresen, an den Wänden ein paar moderne Bilder, ein Schiffsmodell. Bei warmem Wetter sitzt man im hübschen Garten – für Venedig etwas Besonderes! Aus der Küche kommen vorwiegend Fischgerichte wie der gemischte

Vorspeisenteller *(antipasto misto di pesce),* Nudeln mit Meeresfrüchten *(spaghetti allo scoglio)* oder Seeteufel *(coda di rospo),* für Landratten gibt's aber auch Fleisch und Pizza.

## Szene und Ambiente

*Garantiert keine Gräten* – **La Bitta:** ■ **C 6,** Dorsoduro 2753/A, Calle Lunga S. Barnabà, Tel. 041 523 05 31, Bootslinie 1: Ca' Rezzonico, Mo–Sa 18.30–23 Uhr, Hauptgerichte ab 16 €, Menü um 40 €, keine Kreditkarten! Das winzige Lokal gehört zu den wenigen venezianischen Restaurants, die keinen Fisch servieren. Die Küche überrascht mit ungewöhnlichen Kreationen wie dem Artischocken-Parmesan-Salat oder Kürbis-Ravioli mit geräucherter Ricotta. Ausgezeichnet sind die Fleischgerichte, z. B. Rinderfilet und Gänsebraten. Im Sommer kann man im Gartenhof speisen. Unbedingt reservieren!

*Gutes von der Insel* – **L'Incontro:** ■ **C 5,** Dorsoduro 3062, Rio Terrà Canal, Tel. 041 522 24 04, Bootslinie 1: Ca' Rezzonico, Mo und Di mittags geschl., Hauptgerichte 12–20 €, Menü um 45 €, Mittagsmenü (2 Gänge) 20 €. Mal was anderes: Sardische Küche wirkt in Venedig geradezu exotisch, erst recht, wenn sie, wie hier, kreativ verfeinert wird. Garantiert einmalig sind die Ravioli mit Safran, Ricotta, Pecorino und abgeriebener Orangenschale *(culingiones)* oder das *pane frattau* mit Schafskäse, Tomaten und Ei. Als Hauptgerichte gibt es vor allem Fleisch, beispielsweise ausgezeichnetes Rinderfilet, Kaninchen oder Lamm. Auch die Desserts sind ganz vorzüglich.

*Am Kanal* – **Rioba:** ■ **E 2,** Cannaregio 2553, Fondamenta della Miseri-

# Essen und Trinken

**Beliebter Treffpunkt – im Dalla Marisa speisen die Einheimischen**

cordia, Tel. 041 524 43 79, www.dario ba.com, Bootslinien 1, 2: S. Marcuola, Mo geschl., Hauptgerichte um 23 €, Menü 45–50 €. In dem hübschen, schlichten Lokal mit Holztischen, Balkendecke und unverputzten Backsteinwänden gibt es klassische venezianische Gerichte ebenso wie Eigenkreationen. Den Namen trägt das Restaurant nach einem der vier steinernen ›Mohren‹ am benachbarten Campo dei Mori. Bei schönem Wetter speist man draußen am Kanal.

*Fisch familiär* – **Quattro Feri:** ■ **C 6,** Dorsoduro 2754/A, Calle Lunga S. Barnabà, Tel. 041 520 69 78, Bootslinie 1: Ca' Rezzonico, So geschl., Hauptgerichte 11–16 €, Menü um 30 €. Eine Osteria, wie man sie sich wünscht: Die Atmosphäre ist freundlich entspannt, die Küche bietet eine gute Auswahl an Fischgerichten zu vernünftigen Preisen: Brasse, Seeteufel, Thunfisch, Seezunge, außerdem ein schönes *antipasto di mare*. Sehr lecker sind auch die Desserts, z. B. die Ricotta-Creme.

*Kürbis, Salbei, Ingwer* – **Alla Zucca:** ■ **D 3,** S. Croce 1762, Ponte del Megio, Tel. 041 524 15 70, Bootslinie 1: S. Stae, So geschl., Hauptgerichte 19 €, Menü um 40 €. Es lebe die Substanz: Die Einrichtung mit den blanken Holztischen ist gewollt einfach, doch in dem eher schlichten Rahmen kommen ambitionierte – und gelungene! – Gerichte auf den Teller. Schon der Name des Lokals (*zucca* = Kürbis) deutet an, dass Gemüse dabei eine wichtige Rolle spielen. Auf die italienische Tradition setzen die Köchinnen gelegentlich originelle orientalische Akzente, so beim Schweinefleisch mit Ingwer und beim Lamm mit Salbei und Joghurtsauce. Alles sehr lecker, ebenso wie der Ziegenkäse mit Olivenpaste oder das Birnen-Bavarois. Dazu noch ein freundlicher Service. Unbedingt reservieren, das Lokal ist fast immer ausgebucht!

## Essen und Trinken

# Typisch Venedig

*Tradition am Tresen* – **Da Alberto:** ■
**F 4,** Cannaregio 5401, Calle Giacinto
Callina, Tel. 041 523 81 53, Bootslinien
1, 2: Rialto, 4.1, 4.2, 5.1, 5.2: Fondamenta Nuove, tgl. 10.30–15, 18.30–23
Uhr, Hauptgerichte 13–16 €, Menü
30–35 €. An den schlichten Holztischen der Osteria wird klassische venezianische Küche in bester Qualität
serviert. Am Tresen locken appetitliche
Imbisshappen. Unbedingt empfehlenswert sind die *sarde in saor,* mit Zwiebeln
und Pinienkernen marinierte Sardinen.

*Optimale Fischküche* – **Antiche Carampane:** ■ **D 4,** S. Polo 1911, Rio
Terrà delle Carampane, Tel. 041 524
01 65, www.antichecarampane.com,
Bootslinie 1: S. Silvestro, So geschl.,
Menü 50 €, Hauptgerichte um 23 €.
Dieses Restaurant liegt versteckt in
einem Winkel Venedigs, in den kaum
Touristen kommen. Aber die Mühe lohnt
sich. Besonders der *fritto misto,* die ge-
backenen Fische und Meeresfrüchte,
sind berühmt. Daneben können sich die
Muschel- oder Hummer-Spaghetti und
der Seeteufel genauso sehen lassen. Im
Sommer speist man unter hübschen
Sonnenschirmen auf der kleinen Gasse.

*Entspannte Atmosphäre* – **Da Bepi:**
■ **F 3,** Cannaregio 4550, Salizzada del
Pistor, Tel. 041 528 50 31, Bootslinie 1:
Ca d'Oro, Do geschl., Hauptgerichte ab
10 €, Menü um 35 €. Freundlicher Service und entspannte Atmosphäre, es
gibt venezianische Traditionsgerichte:
Pasta mit Muscheln, Spaghetti im Tintenfischsud, Seeteufel oder Leber mit
Zwiebeln und zum Abschluss eine kräf-
tige Kakao-Schokoladen-Torte.

*Teurer Mythos* – **Harry's Bar:** ■ **F 6,**
S. Marco 1323, Calle Vallaresso,
Tel. 041 528 57 77, www.cipriani.com,
Bootslinien 1, 2: S. Marco/Vallaresso,
kleines Menü mittags 46 €, abends
96 €, Hauptgerichte mittags um 65 €,
abends um 80 €. Harry's, das berühmteste Lokal der Stadt, gehört zur Vene-
dig-Folklore wie die Tauben und die
Gondeln. Ernest Hemingway hat die Bar
bei angelsächsischen Gästen zu einem
Mythos gemacht. Der clevere Chef,
Arrigo Cipriani, verlieh ihr zusätzlich ku-
linarischen Ruhm, als er das Fleischge-
richt *carpaccio* und den Aperitif Bellini
erfand. Das Ambiente ist überraschend
entspannt, die Gäste sitzen dicht gedrängt an niedrigen Tischen, zwischen
denen die Kellner virtuos herumturnen.
Die absurd hohen Preise zeugen allerdings radikal vom Wunsch der Happy
Few, hier unter sich zu sein – mit der
Qualität des Essens haben sie nichts zu
tun. Wer nur mal reinschnuppern
möchte, kann sich mit einem Bellini an
der Bar zufrieden geben – der allerdings
ebenfalls alles andere als billig ist
(15 €).

*Chaplin und Celentano* – **Romano:**
■ **Karte S. 72,** Burano, Via Baldassare Galuppi 221, Tel. 041 73 00 30,
www.daromano.it, Bootslinie 12: Burano (ab Venedig 40 Min.), Di geschl.,
Hauptgerichte 15–25 €, Menü 50–
60 €. Seit mehr als hundert Jahren führt
die Familie Barbaro *die* Trattoria auf der
Laguneninsel Burano. Die Wände hängen dicht an dicht mit Bildern – Geschenke der vielen Maler, die auf
Burano gearbeitet haben. Die promi-
nentesten Gäste haben allerdings leider
keine Werke hinterlassen, immerhin
haben hier Miró, Matisse und Ko-
koschka gespeist, außerdem Maria Cal-
las und Charlie Chaplin, Alberto
Moravia und Adriano Celentano. Die
Liste berühmter Gäste ist länger als die
Speisekarte, der Chef hat beide ins

## Essen und Trinken

Fenster gehängt. Ambiente ist hier alles, nicht umsonst gehört das geschichtsträchtige Haus zu den ›Locali storici d'Italia‹.

*Frisch vom Fischmarkt –* **Antico Calice:** ■ **F 4,** San Marco 5228, Calle degli Stagneri, Tel. 041 520 97 75, www.anticocalice.it, Bootslinien 1, 2: Rialto, tgl. 12–15, 19–23.30 Uhr, Hauptgerichte ab 18 €, 3 Gänge 40–50 €. Das Gebäude ist fast fünfhundert Jahre alt, die Stimmung ist deutlich jünger. Vom Gastraum schaut man in die offene Küche, wo vorwiegend Fischgerichte zubereitet werden – der Fischmarkt ist ja ganz in der Nähe. Ausgezeichnete Antipasti (Oktopus mit Stangensellerie!), hausgemachte Pasta (u. a. mit Meeresspinne, Jakobsmuscheln, schwarzem Tintenfisch, Sardellen) und viele Traditionsgerichte: Fische aller Art, Muscheln, Polenta, Leber *alla veneziana* (gedünstete Kalbsleber mit Zwiebeln).

*Traditionell und raffiniert –* **Vini da Gigio:** ■ **E 3,** Cannaregio 3628/A, Fondamenta di S. Felice, Tel. 041 528 51 40, www.vinidagigio.com, Bootslinie 1: Ca' d'Oro, Mo, Di geschl., Hauptgerichte um 20 €, Menü 45–50 €. Reservierung empfohlen! In dem kleinen Lokal mit den wenigen Tischen fühlt man sich, als wäre man bei den Wirtsleuten privat zu Gast. Aus der offenen Küche kommen exzellente Gerichte, die traditionelle Rezepte manchmal raffiniert verfeinern: z. B. Spaghetti mit Tintenfisch, Bandnudeln mit Gorgonzola und Pistazien, Gnocchi mit Entenragout, geräucherter Schwertfisch – und nicht zuletzt ein hausgemachter Tiramisù, nach dem man sich die Finger leckt. Der Chef Paolo Lazzari ist Weinexperte, dementsprechend reichhaltig ist die Weinkarte.

Die *bácari* sind eine venezianische Besonderheit. Diese **Weinstuben** gehören zum Alltagsleben vieler Venezianer. Hier kehrt man ein, um mit Kollegen und Nachbarn zu plaudern, um zwischendurch ein Gläschen Wein (*ombra,* zu deutsch: ›Schatten‹) zu trinken oder etwas zu essen. Am Tresen werden ab dem späten Vormittag die *cichetti* aufgebaut. Die Fantasie der Wirte kann sich bei diesen Appetithäppchen voll ausleben: Meeresfrüchte, eingelegtes Gemüse, Käse, Salami, marinierter Fisch und viele andere Köstlichkeiten. Viele *bácari* haben zugleich einen normalen Restaurantbetrieb.

## Bácari

*Köstliche Kleinigkeiten –* **All'Arco:** ■ **E 4,** s. S. 44. Guter Wein und ausgezeichnete Appetithappen.

*Brunettis Bar –* **Ai Do Mori:** ■ **E 4,** s. S. 44. Eine der ältesten und schönsten Weinstuben der Stadt.

*Kreatives Chaos –* **Cantinone già Schiavi:** ■ **C 6,** s. S. 57. Traditionsreiche Osteria mit äußerst großer Weinauswahl und hervorragenden *cichetti*.

*Göttlicher Wein –* **Mondo diVino:** ■ **F 4,** Cannaregio 5984/A, Salizzada S. Canciano, Tel. 041 521 10 93, Bootslinien 1: Ca d'Oro, 1, 2: Rialto, Mi–Mo 10–24 Uhr, kleine Gerichte ab 4,50 €. Hier gibt es wohl die größte Auswahl an kleinen Speisen und Appetithappen in ganz Venedig: Fisch und Meeresfrüchte, Gemüse, Käse in allen Variationen. Dazu gute Weine: Das Wortspiel »Mondo di Vino« bedeutet zugleich ›göttliche Welt‹ wie auch ›Welt des Weins‹.

# Einkaufen

**Tradition des Kunsthandwerks**
Venedig war immer eine Stadt der Ästhetik und des Handels. Aus dieser Kombination folgt zwingend: Hier gab (und gibt) es massenweise schöne Dinge zu kaufen. Alte Handwerkstechniken werden noch immer gepflegt. Traditionelle Produkte wie Glas, Marmorpapier, Masken findet man in hervorragender Qualität, daneben Keramik, schmiedeeiserne Objekte, Schmuck, Stoffe und vieles andere. Auf den Inseln der Lagune sind die dortigen Handwerkstraditionen lebendig geblieben: Noch immer werden auf Burano Spitzen geklöppelt und auf Murano Gläser geblasen (s. S. 69, 105).

Selbstverständlich – wie könnte es in Italien anders sein? – gibt es Mode und Schuhe in großer Auswahl. Viele italienische Designer sind in Venedig mit eigenen Läden vertreten. Allerdings ist das Angebot in diesem Bereich nicht so originell und vor allem nicht so Venedig-spezifisch wie beim Kunsthandwerk – Versace und Armani verkaufen schließlich genauso gut in Mailand und Rom, in Florenz und Bologna.

**Einkaufsstraßen**
Besonders dicht drängen sich die Läden zwischen Markusplatz und Rialto-Brücke, vor allem in den Einkaufsstraßen der Mercerie. In diesem Viertel sind allerdings auch die Preise am höchsten, und vieles kauft man besser in größerer Entfernung vom touristischen Zentrum. Günstige Mode- und Schuhgeschäfte findet man im Straßenzug zwischen Rialto-Brücke und Campo S. Polo. Antiquitätengeschäfte gibt es vor allem in der Nähe von San Marco und beim Campo Santo Stefano.

**Feinschmeckerparadiese**
Immer interessant: das kulinarische Angebot. Vor allem in der Nähe der Rialto-Brücke existieren zahlreiche kleine Geschäfte mit qualitativ hervorragenden Produkten. Die Spezialgeschäfte für Käse, Teigwaren oder Schokolade, aber auch der Obst- und Gemüsemarkt sowie der Fischmarkt am Rialto lassen das Herz jedes Feinschmeckers höher schlagen. Normalerweise hat man ja keine Gelegenheit, in Venedig selbst zu kochen, doch schon der Anblick der verschiedenen Köstlichkeiten macht Spaß. Und anschließend geht's in einen *bácaro* (s. S. 99), wo man die frische Ware vom Markt als Appetithäppchen zu einem Glas Wein bekommt.

**Öffnungszeiten**
Die meisten Läden öffnen Mo–Sa 9–12.30 und 16–19.30 Uhr, einige bleiben am Montagvormittag, Lebensmittelgeschäfte vielfach am Mittwochnachmittag geschlossen. An Sonn- und Feiertagen findet man zahlreiche Läden geöffnet, vor allem in der touristischen Saison und der Vorweihnachtszeit. Grundsätzlich von diesen Regeln abweichende Öffnungszeiten sind im Folgenden angegeben.

Einkaufen

# Antiquitäten und Kunst

*Alt und kostbar –* **Antichità Marciana:** ◼ **E 6,** S. Marco 1864, Campo S. Fantin, www.antichitamarciana.it, Bootslinien 1: S. Maria del Giglio, 1, 2: San Marco/Vallaresso. Eine faszinierende Mischung aus wertvollen Möbeln, Bildern, Stoffen, Skulpturen, Teppichen und Lampen, darunter viele asiatische Antiquitäten.

*Köstlicher Krimskrams –* **Anticlea Antiquariato:** ◼ **G 5,** Castello 4719/A, Calle S. Provolo, Bootslinien 1, 2, 4.1, 4.2, 5.1, 5.2: S. Zaccaria. Ein herrliches Durcheinander aus Porzellanfiguren, Gläsern, alten Bildern, Keramiken und einer Riesenauswahl an Glasperlen in allen möglichen Farben.

*Glasskulpturen –* **Luigi Benzoni:** ◼ **D 5,** S. Marco 3339, Salizzada S. Samuele, Bootslinien 1: Sant'Angelo, 2: S. Samuele, Mo–Sa 16–19 Uhr und nach Absprache (Tel. 34 87 24 92 49). Der vielseitige Luigi Benzoni schafft interessante Gemälde, Radierungen und Bronzen. Am ungewöhnlichsten sind seine massiven Glasskulpturen, eine ungewöhnliche Variante venezianischer Traditionen. An der technisch aufwendigen Herstellung sind bis zu drei Glasbläser gleichzeitig beteiligt.

*Schwungvolle Gags –* **Livio de Marchi:** ◼ **D 5,** S. Marco 3157/A, Salizzada di S. Samuele, www.liviodemarchi.com, Bootslinien 1: Sant'Angelo, 2: S. Samuele. Der international bekannte Holzbildhauer hat in drei Erdteilen ausgestellt und so kuriose Objekte geschaffen wie einen VW-Käfer aus Holz in Originalgröße (heute im Volkswagen-Museum Wolfsburg), einen schwimmenden Sportwagen oder eine 8 m hohe Blumenvase, die beim Karneval

1995 im Canal Grande aufgestellt wurde. Sein kleiner, äußerst unterhaltsamer Laden ist immer wieder für neue Überraschungen gut.

*Poetische Seidenschals –* **Tessuti di Hélène:** ◼ **E 7,** s. S. 59. Die Künstlerin Hélène Ferruzzi Kuhn verwandelt Seide, Leinen und Baumwolle zu Gemälden.

# Bücher und CDs

*Bücher an der Uni –* **Cafoscarina:** ◼ **C 5,** Dorsoduro 3259, Calle Foscari, www.cafoscarina.it, Bootslinie 1: Ca' Rezzonico. Gut sortierte Verlagsbuchhandlung nahe der Universität, das Angebot umfasst vorwiegend Belletristik, Geschichte, Politik, Kunst. Es gibt auch englische und eine kleine Auswahl deutscher Bücher.

*Klassiktempel –* **Il Tempio della Musica:** ◼ **F 4,** s. S. 41. Die größte Auswahl an Klassik- & Jazz-CDs in Venedig.

*Bücher satt zu kleinen Preisen –* **Toletta:** ◼ **C 6,** Dorsoduro 1214, Calle della Toletta, www.libreriatoletta.it, Bootslinien 1, 2: Accademia. Zu Mussolinis Zeiten war die traditionsreiche Buchhandlung ein Zentrum des Widerstands. Heute bietet sie als modernes Antiquariat eine Riesenauswahl an Büchern aus allen Themenbereichen zu unschlagbar günstigen Preisen.

# Delikatessen und Lebensmittel

Siehe auch S. 42

*Exquisite Pralinen –* **Cioccolateria Vizio e Virtù:** ◼ **D 5,** s. S. 47. Die beste Schokolade Venedigs.

101

Einkaufen

## Glasbläserei, ein Staatsgeheimnis

Die Glasherstellung in Venedig hat eine mittlerweile 700 Jahre währende Tradition. Einst waren die Produktionstechniken Staatsgeheimnis, auf deren Verrat Gefängnis oder gar die Todesstrafe stand, und Murano-Glas stellte einen der wichtigsten Exportartikel der Republik dar. Noch immer gibt es viele Glasbläser in Venedig, die kunstvoll die alten Modelle reproduzieren oder aber interessante neue Formen schaffen (s. auch S. 69).

*Köstliche Vielfalt* – **Drogheria Mascari:** ■ **E 4,** s. S. 44. Delikatessen von Gewürzen bis Grappa.

*Sorgsam sortiert* – **Pantagruelica:** ■ **C 6,** s. S. 54. Hervorragendes Angebot an Lebensmitteln.

*Kaffee aus aller Welt* – **Caffé del Doge:** ■ **E 4,** San Polo 609, Calle dei Cinque, Bootslinien 1, 2: Rialto. Die hervorragenden, sorgfältig ausgesuchten Kaffeesorten aus aller Welt (s. S. 45) kann man hier auch erwerben und nach Hause mitnehmen.

# Geschenke, Souvenirs, Design

Siehe auch S. 58

*Der letzte Messinggießer* – **Valese Fonditore:** ■ **F 5,** S. Marco 793, Calle Fiubera, Bootslinie 2: S. Marco/Giardinetti. Kupfer- und Messingobjekte aus eigener Produktion: Klingelknöpfe, Türklopfer, Spiegel und viele Souvenirs.

*Erotische Keramik* – **Alessandro Merlin:** ■ **H 5,** Castello 3876, Calle del Pestrin, Bootslinien 1, 4.1, 4.2: Arsenale, Fr–Di 10–12, 15–19 Uhr. Alessandro Merlins ungewöhnliche Keramiken haben häufig erotische Themen zum Gegenstand.

*Masken* – **Ca' Macana atelier:** ■ **D 2,** Cannaregio 1374, Rio Terrà San Leonardo, Bootslinien 1, 2: San Marcuola. Originelle, schöne Karnevalsmasken. Der Inhaber Carlos Bassesco hat Bühnenbilder für Theater und Film gestaltet und bietet auch Kurse an.

*Edle Stoffe* – **Jesurum:** ■ **E 6,** San Marco 2401, Calle Larga XXII Marzo, Bootslinien 1, 2: San Marco/Vallaresso, 1: Giglio. Nicht alles, was hier angeboten wird, stammt noch aus traditioneller Handarbeit. Auch so sind die edlen Stoffe teuer genug: vom ›einfachen‹ Handtuch (66 €) bis zur Zwei-Quadratmeter-Tischdecke (1170 €).

*Original-Gondeln* – **Gilberto Penzo:** ■ **D 4/5,** s. S. 47. Handwerker und Historiker: Penzos Schiffsmodelle sind authentisch.

*Gläserne Kunstwerke* – **Barovier & Toso:** ■ **Karte 4,** Murano, Fondamenta dei Vetrai 28, www.baroviertoso.it, Bootslinien 4.1, 4.2: Colonna. Einer der traditionsreichsten Betriebe Muranos produziert hochwertige Glaskunst.

*Kleine Dimensionen* – **Fabio Calchera:** ■ **D 4,** S. Polo 2586, Rio Terrà dei Frari, Bootslinien 1, 2: S. Tomà. In diesem Laden findet man besonders günstig kleine Mitbringsel wie die gläsernen Miniaturtiere.

# Einkaufen

*Museumsreif* – **Vittorio Costantini:** ■ **G 3,** Cannaregio 5311, Calle del Fumo, Bootslinien 4.1, 4.2, 5.1, 5.2: Fondamenta Nuove. Costantini ist berühmt geworden für seine Schmetterlinge, Käfer, Fische und Vögel aus Glas. Sie sind mit ihren leuchtenden Farben ein ästhetischer Genuss und so exakt gearbeitet, dass sie schon in naturkundlichen Museen ausgestellt wurden.

## Mode und Accessoires

*Alter Hut* – **Bottega d'Arte:** ■ **E 5,** S. Marco 4813, Calle del Lovo, Bootslinien 1, 2: Rialto. Das über hundertjährige Hutgeschäft (1901 gegründet) überzeugt mit originellen Kreationen.

*Gondelschuhe* – **Calzature Dittura:** ■ **F 4,** S. Marco 943, Calle Fiubera, Bootslinien 1, 2: S. Marco/Vallaresso. Hier gibt es die *furlane*, die Pantoffeln der Gondolieri. Sie sind aus farbigem Samtstoff und haben eine Gummisohle, angeblich aus Fahrradreifen …

*Das einzige Kaufhaus* – **Coin:** ■ **F 4,** Cannaregio 5792, Salizzada di S. Giovanni Crisostomo, www.coin.it, Bootslinien 1, 2: Rialto. Das einzige Kaufhaus der Lagunenstadt hat ein vielfältiges und vergleichsweise preisgünstiges Angebot an Herren- und Damenkleidung guter Qualität.

*Klassische Kleidung* – **Duca d'Aosta:** ■ **F 4**, S. Marco 4945, Mercerie del Capitello, Bootslinien 1, 2: Rialto. Eines der traditionsreichsten Modegeschäfte in Venedig mit klassischer Damen- und Herrenbekleidung. Der Betrieb wurde 1902 als Hemdenladen mit eigener Produktion unter der Rialto-Brücke eröffnet. Heute gibt es den Duca d'Aosta in

**Maskenbauer mit Weltruf – im Laden Mondonovo**

Einkaufen

## Designermode

Die Läden der berühmten Designer stehen fast alle in der Nähe des Markusplatzes. Man kann sie auf einem kleinen Rundgang erreichen. Direkt beim Platz findet man hinter dem Uhrturm **Max Mara** (S. Marco 268–272, Merceria dell'Orologio, ► F 5, www.franchisee-maxmara.com). Nicht weit entfernt sind auch die beiden Läden von **Giorgio Armani** (S. Marco 4412 und 4485, Calle Goldoni, ► E 5, www.giorgioarmani.com). An der anderen Seite der Piazza stehen zwei Geschäfte in der Calle Vallaresso (► F 6): **Bruno Magli** (S. Marco 1302, an der Ecke Calle Seconda dell'Ascension, www.brunomagli.it) und **Missoni** (S. Marco 1312, www.missoni.com). Am nahe gelegenen Campo S. Moisè hat **Versace** sein venezianisches Geschäft (S. Marco 1462, www.versace.com), in der hier beginnenden Calle Larga XXII Marzo findet sich der Laden von **Gucci** (Nr. 2102, beide ► E 6).

fünf weiteren Städten der Region Veneto.

*Casanovas Mantel* – **Monica Daniele:** ■ **D 4,** S. Polo 2235, Calle del Scaleter, www.monicadaniele.com, Bootslinie 1: S. Stae, S. Silvestro. Monica Daniele stellt aus Wolle und Kaschmir den *tabarro* her, den historischen Umhang der Venezianer. Der Laden zeigt ein herrliches Durcheinander von Hüten und Mänteln.

*Handgemachte Taschen* – **Francis Model:** ■ **E 4,** San Polo 773/A, Ruga Rialto, Bootslinien 1,2: Rialto. In dem Familienbetrieb werden seit Jahrzehnten edle Taschen in Handarbeit hergestellt.

*Provokation* – **Fiorella Mancini:** ■ **D 6,** S. Marco 2806, Campo S. Stefano, www.fiorellagallery.com, Bootslinien 1, 2: Accademia. Der flippigste und spannendste Modeshop der Stadt. Hier ist Kleidung Kunst, das kühne Design und die knalligen Farben sind allerdings nicht geeignet für Leute, die ungern auffallen. Ihr Lieblingsmotiv – die Ratte – platziert Fiorella Mancini gern auf Jacken, Mänteln oder Kimonos.

*Schuhe für die Prominenz* – **Rolando Segalin:** ■ **E 5,** S. Marco 4365, Calle dei Fuseri, Bootslinien 1, 2: San Marco/Vallaresso. Der berühmteste venezianische Schuster produziert – ausnahmslos mit eigener Hand – schicke, manchmal originelle, in jedem Fall aber teure Treter. Das Spektrum reicht von historischen Modellen, die Segalin gern aus alten Drucken und Gemälden kopiert, bis zu extravaganten Popkreationen, etwa den Schuhen in Form eines großen roten Fußes.

*Kleine Werkstatt* – **Roberto Tolin:** ■ **C 5,** Dorsoduro 3773, Crosera, Bootslinien 1, 2: S. Tomà. Seit 50 Jahren im Metier: In seiner kleinen Werkstatt repariert und fertigt Roberto Tolin Schuhe nach Maß.

*Donna Leon was here* – **Giovanna Zanella:** ■ **F 4,** Castello 5641, Calle Carminati (bei Campo S. Lio), Bootslinien 1, 2: Rialto. Giovanna Zanella hat beim Starschuster Rolando Segalin gelernt und ihre eigene prominente Kundschaft gefunden, zu der beispielsweise Emma Thompson und Donna Leon gehören. Die handgefertigten Schuhe bekommt man von 400 € an aufwärts.

Einkaufen

# Papier

*Kunstvolle Visitenkarten* – **Gianni Basso**: ■ **G 3,** Cannaregio 5306, Calle del Fumo, Bootslinien 4.1, 4.2, 5.1, 5.2: Fondamenta Nuove. Gianni Basso druckt auf Handpressen besonders schöne, persönlich gestaltete Visitenkarten, Briefpapier und Einladungen. Im Schaufenster sieht man Fotos von Kunden aus aller Welt, die sich mit seinen Karten präsentieren.

*Das älteste Papiergeschäft* – **Legatoria Piazzesi**: ■ **E 6,** S. Marco 2511, Campiello della Feltrina, www.legato riapiazzesi.it, Bootslinie 1: S. Maria del Giglio. Die Legatoria pflegt seit 1851 die Tradition handbedruckten Papiers, aus dem Hefte, Notizbücher, Kalender und Briefbögen gefertigt werden. Hübsch sind auch die Figuren aus Papp-maché.

*Handgeschöpftes Papier* – **Paolo Olbi**: ■ **E 5,** Dorsoduro 3253, Ponte Foscari, Bootslinien 1, 2: San Tomà, 1: Ca' Rezzonico. Paolo Olbi scheint ein Überbleibsel aus einer anderen Epoche. Er arbeitet mit handgeschöpftem Papier, druckt auf uralten Maschinen, bindet Bücher sorgfältig in Leder. Das Ergebnis: edle Adress- und Notizbücher, Kalender und Fotoalben. Johnny Depp hat ins Gästebuch geschrieben: »Die schönsten Bücher, die ich je sah, Mister Paolo.«

*Türkisch marmoriert* – **Alberto Valese**: ■ **D 5,** S. Marco 3471, Campiello S. Stefano, www.albertovalese ebru.it, Bootslinien 1, 2: Accademia. Alberto Valese arbeitet mit der alten Ebru-Technik, die vor Jahrhunderten aus der Türkei nach Europa kam. Auf Papier und Stoffen imitiert er kunstvoll Stein- und Marmoradern. So entstehen Ge-

brauchskunstwerke, von Bucheinbänden bis zu Seidenschals. Valeses ›Marmorstoffe‹ wurden auch in Opern und Theaterstücken für die Bühnenbilder verwendet.

# Schmuck

*Einfallsreich* – **Attombri**: ■ **E 4,** s. S. 43. Alte Materialien und neues Design in raffinierter Kombination.

*Hochgestochen* – **Attilio Codognato**: ■ **F 6,** S. Marco 1295, Calle Seconda dell'Ascensione, Bootslinien 1, 2: S. Marco/Vallaressa. Dieses stilvolle Geschäft ist eine wahre Schatzkammer mit vorwiegend alten und sehr wertvollen Schmuckstücken.

*Selbst gemacht* – **Laberintho**: ■ **D 4,** S. Polo 2236, Calle del Scaleter, Bootslinie 1: S. Stae, S. Silvestro. Schöner, schlichter Schmuck aus einer kleinen Goldschmiedewerkstatt.

*Second hand, first class* – **Laura Crovato**: ■ **D 5,** S. Marco 2995, Calle delle Botteghe, Bootslinie 2: S. Samuele. Ein kleines Geschäft mit hübschen Schmuckstücken und Mode, auch Secondhandware.

*Farbige Glasperlen* – **Perle e dintorni**: ■ **E 5,** S. Marco 3740, Calle della Mandola, www.perle-e-din torni.it, Bootslinie 1: S. Angelo, 2: S. Samuele. Wie es der Name ›Perlen und Umgebung‹ schon ankündigt: Hier gibt es farbige Glasperlen jeder Art und in jeder Menge. Auf Wunsch stellen die Besitzerinnen daraus Armbänder, Halsketten, Broschen und anderen Schmuck her. Wer sich selbst etwas zusammenbasteln möchte, erhält dafür Bänder aus Leder, Baumwolle, Stahl oder Nylon.

# Ausgehen – abends und nachts

In Venedig ist, jedenfalls im Sommerhalbjahr, bis Mitternacht auf den Gassen und Plätzen immer etwas los, denn die lauen Nächte laden wie in allen italienischen Städten dazu ein, sich lange im Freien aufzuhalten. Ein großstädtisches Nachtleben darf man aber nicht erwarten. Die meisten Venedig-Touristen suchen eher stille Romantik als aufregende Unterhaltung, und die einheimische Szene ist bei rund 60 000 Einwohnern einfach zu klein für ein reges Nightlife. Längst vorbei sind die Zeiten, als Reisende aus ganz Europa in der dekadenten Metropole mehr oder weniger pikantes Amüsement suchten. Heute begeben sich die Gäste eher auf Mondscheinspaziergänge an die Lagune und sinken spätestens um Mitternacht ins Bett. Unter den Einheimischen beleben vor allem die Studenten noch am späteren Abend einige Stadtviertel.

## Treffpunkte

Nachtschwärmer haben also wenig Auswahl. Es gibt zwar eine Reihe von Szenetreffpunkten, wo man etwas trinken und einen Happen oder auch ein Menü essen kann. Manche Lokale bieten ein- oder zweimal in der Woche Livemusik. Viel weiter aber reicht das Unterhaltungsprogramm nicht. In ganz Venedig gibt es gerade eine Diskothek. Auch die Pianobars und Clubs lassen sich an den Fingern einer Hand abzählen.

Nur junge Leute sorgen dafür, dass in Venedigs Nächten überhaupt etwas los ist. Sie treffen sich abends vorzugsweise in drei Stadtteilen: im **Cannaregio-Viertel** an den abgelegenen **Fondamenta della Misericordia/Fondamenta degli Ormesini** (▶ D/E 2), wo eine Reihe von Kneipen vorwiegend junges Publikum anzieht, am **Campo S. Margherita** (▶ C 5), an dem ebenfalls bis nach Mitternacht reges Leben herrscht, und am Fuß der **Rialto-Brücke** am **Campo San Giacometto** (▶ E 4). Überall hier sind einige Lokale bis 2 Uhr morgens geöffnet – länger dauert das Nachtleben in Venedig fast nirgendwo.

Weil die venezianische Szene fast ausschließlich aus einem jungen Publikum besteht, ist es relativ preiswert auszugehen – jedenfalls im Verhältnis zum sonstigen hohen Preisniveau der Stadt. In den Szenelokalen isst man günstig, die Livekonzerte kosten normalerweise wenig oder keinen Eintritt, und nur das Bier ist, wie überall in Italien, verhältnismäßig teuer.

## Parlare e mangiare

Was treiben die jungen Venezianer (-innen) an den langen Abenden? Auf jeden Fall eines: Sie schwatzen und daher hört man an ihren Treffpunkten immer lebhaften Stimmenlärm. Alles andere ist Beigabe. Entweder geht man gemeinsam essen – vielleicht das wichtigste Freizeitvergnügen junger wie alter

Italiener. Oder man beschränkt sich aufs Trinken – übrigens nie im Übermaß: *ubriacarsi*, sich besaufen, gilt in Italien als unfein. Oder man hört Livemusik, eigentlich keine einheimische Tradition, aber inzwischen gibt es doch einige Lokale, in denen gelegentlich Musikgruppen auftreten. Oder man geht tanzen – dazu gibt es in Venedig allerdings nur einige wenige Möglichkeiten.

## Aktuelle Programminfos

Den besten Überblick über das venezianische Kulturprogramm erhält man in der monatlich erscheinenden Zeitschrift »Venews«. Man bekommt sie an Zeitungskiosken. Bei den Touristen-Informationsbüros (s. S. 19) gibt es ebenfalls Hinweise auf Ausstellungen und Konzerte. Die Veranstaltungen des jeweiligen Tages (einschließlich des Kinoprogramms) erfährt man ganz aktuell aus der örtlichen Tageszeitung »Il Gazzettino«.

## Informationen im Internet:

www.turismovenezia.it
www.unospitedivenezia.it
www.agendavenezia.org
www.veneziadavivere.com

## Kartenvorverkauf

**CTS:** Dorsoduro 3252, Calle Larga Foscari (▶ C 5), Tel. 041 520 56 60, www.vivaticket.it.
**Hellovenezia/Actv:** Schalter am Piazzale Roma (▶ B 4), auf dem Bahnhofsvorplatz (▶ B 3), an der Schiffshaltestelle S.Maria Elisabetta auf dem Lido, Tel. 041 24 24, www.hellovenezia.com.
**VeneziaSi:** in der Bahnhofshalle (▶ B 3, neben dem Touristenbüro) und am Piazzale Roma (▶ B 4), Tel. 041 522 22 64, www.veneziasi.it.

# Bars, Cafés, Pubs

*Blaue Träume* – **Blues Café:** ■ **C 5**, Dorsoduro 3778, Crosera, Bootslinien 1, 2: S. Tomà, Di–So 11–2 Uhr. Bei Musik, Flipper und moderner Kunst an den Wänden trifft sich hier vor allem abends eine vorwiegend junge Klientel. Zu trinken gibt es viele Biersorten und Tee aus dem Samowar.

*Gut am Platz* – **Il Caffè (Caffè Rosso):** ■ **C 5**, Dorsoduro 2963, Campo S. Margherita, Bootslinie 1: Ca' Rezzonico, Mo–Sa 7–2 Uhr. Kleines, bei Studenten beliebtes Café, Musik (auch live), gute belegte Brote. Im Sommer sitzt man auf dem Campo.

*Hirsch am Telefon* – **Devil's Forest:** ■ **F 4**, S. Marco 5185, Calle dei Stagneri, www.devilsforestpub.com, Bootslinien 1, 2: Rialto, Mo–Sa 11–1 Uhr. Von allen venezianischen Lokalen ähnelt das Devil's Forest am ehesten einer ›typischen‹ Szenekneipe. Zur Einrichtung im Pub-Stil gehört auch eine original britische Telefonzelle (Telefon funktioniert!), neben dem Dudelsack hängt ein eher alpenländischer Hirschkopf an der Wand; Musik in gemäßigter Lautstärke (gelegentlich auch live). Das kulinarische Angebot verbindet problemlos England und Italien, Bier und *panini* oder *dolci.*

*30 x Wein, 100 x Bier* – **Enoteca:** ■ **D 2**, Cannaregio 2710, Fondamenta degli Ormesini, Bootslinien 1, 2: S. Marcuola, 4.1, 4.2, 5.1, 5.2: Madonna dell'Orto, Mo–Sa 11–16, 19–2 Uhr. Ein schlichtes Lokal mit wenigen Holztischen, aber 30 Weinen im Ausschank und (das ist für italienische Verhältnisse geradezu sensationell!) mehr als 100 Biersorten (davon drei vom Fass). Das vorwiegend junge Publikum lässt sich

## Ausgehen

bis nach Mitternacht von Musik beschallen.

*Wi-Fi umsonst* – **Inishark Irish Pub:**
■ **F 5,** S. Marco 5887, Calle del Mondo Nuovo, www.inisharkpub.com, Bootslinien 1, 2, 4.1, 4.2, 5.1, 5.2: S. Zaccaria, Di–So 18–1.30 Uhr. In dem lebendigen Pub in der Nähe des Campo S. Maria Formosa gibt es Whisky, Longdrinks und vor allem frisch gezapftes Bier, dazu Sandwiches mit Schweinebraten, Schinken oder Thunfisch. Im TV laufen Fußball und Rugby. Gelegentlich Livemusik.

*Kommunikation am Campo* – **L'Olandese Volante:** ■ **F 4,** Castello 5658, Campo S. Lio, Tel. 041 528 93 49, Bootslinien 1, 2: Rialto, tgl. 8–1 Uhr. Der ›Fliegende Holländer‹ bietet eine große Bierauswahl und preiswerte kleine Speisen. Man sitzt gemütlich auf dem Campo S. Lio nahe der Rialto-Brücke.

*Mit Stil* – **Teamo:** ■ **E 5,** S. Marco 3795, Rio Terrà de la Mandola, www. teamo.it, Bootslinie 1: S. Angelo, tgl. 8–22 Uhr. Die Einrichtung weckt bewusst Assoziationen an die Werke von Mariano Fortuny, dessen Museum sich ganz in der Nähe befindet (s. S. 81). Man kann hier morgens ausgiebig frühstücken und tagsüber gute Weine aus dem Veneto und dem Friaul kosten.

## Diskotheken

*Die einzige Disco* – **Piccolo Mondo:**
■ **D 6,** Dorsoduro 1056 A, Calle Contarini Corfù, www.piccolomondo. biz, Bootslinien 1, 2: Accademia, tgl. 22–4 Uhr. Maximal 80 Leute passen in diese Disco-Bar, die Gesichts- und Kleiderkontrolleure am Eingang sortieren jeden aus, der ihnen zu freakig erscheint. Jackett und Krawatte sind trotzdem nicht notwendig, der Eintrittspreis vertretbar: 10 € inkl. Getränk. Das Piccolo Mondo ist die einzige Diskothek im Zentrum.

## Glücksspiel

*Die Kugel rollt* – **Casino Municipale:**
■ **D 3,** Cannaregio 2040, Palazzo Ven-

## Kino

Mit der Restaurierung und Neueröffnung des historischen Cinema Rossini Ende 2012 hat sich die bis dahin schwache Kinoszene Venedigs deutlich belebt. Es gibt in der Altstadt nun zwei Kinos mit insgesamt vier Sälen und gutem Programm, dazu ein weiteres Cinema auf dem Lido. Kein Vergleich natürlich mit dem Festspielbetrieb in der ersten Septemberhälfte. Außerhalb des offiziellen Programms werden die Festivalfilme dann auch in der Altstadt gezeigt, z. B. im Freilichtkino auf dem Campo San Polo (► D 4). Außer beim Festival sind die Filme immer italienisch synchronisiert.
**Multisala Rossini:** ■: E 5, San Marco 3997/A, Salizzada della Chiesa, Tel. 041 241 22 45, Bootslinie 1: S. Angelo.
**Giorgione:** ■ F 3, Cannaregio 4612, Rio Terrà dei Franceschi, Tel. 041 522 62 98, Bootslinien 1: Ca' d'Oro, Rialto, 2: Rialto.
**Astra:** ■ Karte 2, Lido, Via Corfù 12, Tel. 041 526 57 36, Bootslinien 1, 2, 5.1, 5.2: Lido.

# Ausgehen

**Im Rialto-Viertel ist auch abends noch was los**

dramin-Calergi Strada Nuova, www.casinovenezia.it, Bootslinien 1, 2: S. Marcuola, Okt.–Mai tgl. 15.30–2.30 Uhr. Venedigs Spielkasino (unbedingt Casinò, also mit Betonung auf der letzten Silbe, aussprechen – ein Casíno ist ein Bordell!) befindet sich in dem historischen Palazzo Vendramin-Calergi am Canal Grande. Am Eingang muss man Ausweis oder Führerschein vorweisen, an den Spieltischen wird elegantes Outfit erwartet (Jackett ist Pflicht). Zu den Spielautomaten darf man auch in legerer Kleidung. Obligatorischer Mindesteinsatz: 10 €. Im Sommer verlagert sich das Casino an den Lido (Casino del Lido, Lungomare Marconi 4, Bootslinien 1, 2, 5.1, 5.2: Lido, tgl. 11–6 Uhr).

## Livemusik

*Tanz am Wasser* – **Al Chioschetto:** ■
**D 7,** Dorsoduro 1406/A, Fondamenta Zattere, 34 83 96 84 66, Bootslinien 5.1, 5.2, 2: Zattere, tgl. 7.30–2 Uhr. Die winzige Bar mit einigen Tischen am Ufer des Giudecca-Kanals wird abends zum beliebten Treffpunkt jüngerer Venezianer. Mittwochs und sonntags gibt's hier Livekonzerte mit Blues, Jazz, Bossa Nova oder Soul.

*Nächtliche Verwandlung* – **Caffè alla Città di Torino/Torino@Notte:** ■
**E 5,** S. Marco 4591, Campo S. Luca, Bootslinien 1, 2: Rialto, Mo–Sa 7.30–2 Uhr. Tagsüber eine gut frequentierte,

109

Ausgehen

## Klassische Musik, Oper und Theater

Sinfonie- und gelegentliche Solokonzerte finden von Oktober bis Juni einige Male im Monat im Opernhaus La Fenice und im historischen, schon 1678 begründeten Teatro Malibran statt. Daneben gibt es das ganze Jahr über Konzerte in den Kirchen, beispielsweise in Santa Maria Gloriosa dei Frari, San Stefano oder der ›Vivaldikirche‹ della Pietà. Hier werden häufig Stücke aus der venezianischen Tradition gespielt: Vivaldi, Albinoni, Marcello.

Die Opernaufführungen in La Fenice sind nicht selten von hohem Niveau. Wie auch anderswo in Italien hat die Oper kein festes Solistenensemble und keinen fortlaufenden Spielplan. Vielmehr wird monatlich (außer im Sommer) meist eine Produktion vorgestellt, die dann an mehreren Tagen nacheinander läuft; dann ist wieder einige Wochen Ruhepause.

Die private Stiftung **Centre de Musique Romantique Française** veranstaltet interessante Konzertreihen klassischer Musik im Palazzetto Bru Zane.

Unter den beiden Theatern Venedigs ist das Teatro della Fondamenta Nuove etwas moderner, mit einigen experimentellen Aufführungen, modernem Tanz und gelegentlichen Konzerten zeitgenössischer Musik. Das zentral gelegene Teatro Goldoni bringt traditionellere Inszenierungen wechselnder Ensembles, häufig mit italienischen Schauspielstars.

**La Fenice:** ■ **E 6**, S. Marco 2549, Campo S. Fantin, Informationen und Kartenbestellung: Tel. 041 24 24, www.teatrolafenice.it, Bootslinien 1: S. Maria del Giglio, 1, 2: S. Marco/Vallaresso.

**Teatro Malibran:** ■ **F 4**, Cannaregio 5870, Corte del Teatro Malibran, Tel. 041 78 65 11, www.teatrolafenice.it, Bootslinien 1, 2: Rialto.

**Palazzetto Bru Zane:** ■ **D 4**, S. Polo 2368, Calle del Zane, Tel. 041 521 10 05, www.bru-zane.com, Bootslinien 1, 2: S. Tomà, 1: Riva del Biasio.

**Teatro Goldoni:** ■ **E 5**, S. Marco 4650, Calle del Teatro, Tel. 041 520 75 83, www.teatrostabileveneto.it, Bootslinien 1, 2: Rialto.

**Teatro Fondamenta Nuove:** ■ **F 2**, Cannaregio 5013, Fondamenta Nuove, Tel. 041 522 44 98, www.teatrofondamentanuove.it, Bootslinien 4.1, 4.2, 5.1, 5.2: Fondamenta Nuove.

aber ›normale‹ Bar am belebten Campo S. Luca, abends ändern sich der Name und die Atmosphäre: ›Torino@Notte‹ wird dann zum Treffpunkt vor allem junger Leute, die im Sommer auch den Platz vor der Bar bevölkern. Im Winterhalbjahr gelegentlich Liveauftritte von Musikern.

*Legeres Studentenlokal* – **Cantina Vecia Carbonera:** ■ **D 2**, Cannaregio 2329, Rio Terrà della Maddalena,

Bootslinien 1, 2: S. Marcuola, Di–Fr 16– 1, Sa, So 11–1 Uhr. In der bei Studenten beliebten Osteria finden vor allem sonntags Jazzkonzerte statt.

*Musikkneipe mit Atmo* – **Jazz Club Novecento:** ■ **E 4**, s. S. 45. Einmal in der Woche: richtig gute Session-Stimmung.

*All that Jazz* – **Venice Jazz Club:** ■ **C 6**, Dorsoduro 3102, Fondamento

110

## Ausgehen

dello Squero–Ponte dei Pugni, Tel. 041 523 20 56, www.venicejazzclub.com, Bootslinie 1: Ca′ Rezzonico, Mo–Sa ab 19 Uhr. Im einzigen Jazzclub der Stadt veranstaltet die Hausband Venice Jazz Club Quartett fast täglich Konzerte, oft mit Special Guests. Der Eintritt kostet 20 € inkl. eines Drinks. Von 20 bis 21 Uhr gibt es auch kleine Gerichte zu zivilen Preisen.

# Szenekneipen

*Erfolgsstory* – **Ae Oche:** ■ **D 4,** S. Croce 1552 A/B, Calle del Tintor, Tel. 041 524 11 61, www.aeoche.com, Bootslinie 1: Riva di Biasio, S. Silvestro, tgl. 12–15, 18.30–22.30 Uhr, Pizza ab 8 €. Vielleicht die beliebteste und beste Pizzeria Venedigs, mit fast 100 Plätzen auch zum Drau-ßenessen. Eine Erfolgsstory – inzwischen ist aus der Alternativkneipe eine Großunternehmen geworden: Es gibt zehn weitere Oche in den Nachbarstädten des Festlands.

*Angebot nach Laune* – **Ai Postali:** ■ **C 4,** S. Croce 821, Fondamenta Rio Marin, Tel. 041 71 56 56, Bootslinien 1, 2, 5.1, 5.2: Ferrovia, Mo–Sa 18–2 Uhr. In dieser beliebten Osteria hängen Angebot und Öffnungszeiten von der Laune des Wirts Lilli ab. Wein und Bier gibt's immer, die vorzüglichen Crêpes bekommt man nicht jeden Tag. Trotzdem: Die Stimmung ist meist ausgezeichnet – vor allem an lauen Sommerabenden, wenn man draußen am Kanal sitzt.

*Bewährter Treffpunkt* – **Al Paradiso Perduto:** ■ **E 2,** Cannaregio 2540, Fondamenta della Misericordia, Tel. 041 72 05 81, Bootslinien 1, 2: S. Marcuola, 4.1, 4.2, 5.1, 5.2: Madonna dell'Orto, Do–Mo 19–2 Uhr, Appetithappen jeweils 1,20 €, Hauptgerichte um 13 €.

Ein Klassiker der venezianischen Kneipenszene. Für die hiesigen Verhältnisse leicht freakig, manchmal finden große Feste statt, gelegentlich auch Jazz-Sessions.

*Cucina belga* – **Brasserie Vecchia Bruxelles:** ■ **C 5,** S. Croce 81, Salizzada S. Pantalon, Tel. 041 71 06 36, Bootslinien 1, 2: S. Tomà, Mo–Sa 7–2 Uhr, Küche 12–15 und 19–23 Uhr, Pizza ab 8 €, Hauptgerichte 9–17 €. Die Speisekarte ist lang, die Küche dieser ›echt belgischen‹ Brasserie traditionell venezianisch. Es gibt in der Brasserie auch Pizza.

*Mit Ablegern* – **Muro Vino e Cucina:** ■ **E 4,** S. Polo 222, Campo Cesare Battisti, www.murovinoecucina.it, Bootslinien 1: Rialto/Mercato, Rialto, 2: Rialto, tgl. 9–1.30 Uhr. Der Treffpunkt junger Venezianer am Rialto-Markt ist so beliebt, dass mittlerweile noch zwei weitere Muro-Lokale dazugekommen sind (S. Croce 2048, Campello dello Spezier, Di–So, und S. Polo 2604/B, Tel. 041 524 53 10, Fr–Mi).

*So viele Pizzen* – **Pier Dickens Inn:** ■ **C 5,** Dorsoduro 3410, Campo S. Margherita, Tel. 041 241 19 79, Bootslinie 1: Ca' Rezzonico, tgl. 10–2 Uhr, Pizza ab 8 €. Das Lokal am Abend-Treffpunkt Campo S. Margherita ist beliebt in der Studentenszene, es gibt 70 verschiedene Pizzen und jede Menge Bier.

*Schwung und Stimmung* – **Da Filo:** ■ **D 4,** S. Croce 1539, Calle del Tintor, Bootslinie 1: Riva di Biasio, S. Silvestro, tgl. 11.30–24 Uhr. Es gibt Wein und kleine Gerichte, immer schwungvolle Hintergrundmusik und gelegentlich auch Livekonzerte (Blues, Funk oder Jazz). Zudem liegt es gleich neben der beliebten Pizzeria Ae Oche (s. o.).

# Sprachführer Italienisch

## Aussprachregeln

In der Regel wird Italienisch so ausgesprochen wie geschrieben. Treffen zwei Vokale aufeinander, so werden beide einzeln gesprochen (z. B. E-uropa). Die Betonung liegt bei den meisten Wörtern auf der vorletzten Silbe. Liegt sie auf der letzten Silbe, wird ein Akzent verwendet (z. B. città, caffè). Die weiteren Akzente, die hier verwendet werden, sollen lediglich die Aussprache erleichtern, finden sich aber nicht im geschriebenen Italienisch.

## Konsonanten

| | |
|---|---|
| c | vor a, o, u wie k, z. B. conto; vor e, i wie tsch, z. B. cinque |
| ch | wie k, z. B. chiuso |
| ci | vor a, o, u wie tsch, z. B. doccia |
| g | vor e, i wie dsch, z. B. Germania |
| gi | vor a, o, u wie dsch, z. B. spiaggia |
| gl | wie ll in Brillant, z. B. taglia |
| gn | wie gn in Kognak, z. B. bagno |
| h | wird nicht gesprochen |
| s | teils stimmhaft wie in Saal, z. B. museo; teils stimmlos wie in Haus, z. B. sinistra |
| sc | vor a, o, u wie sk, z. B. scusi; vor e, i wie sch, z. B. scelta |
| sch | wie sk, z. B. schiena |
| sci | vor a, o, u wie sch, z. B. scienza |
| v | wie w, z. B. venerdì |
| z | teils wie ds, z. B. zero; teils wie ts, z. B. zitto |

## Allgemeines

| | |
|---|---|
| guten Morgen/Tag | buon giorno |
| guten Abend | buona sera |
| gute Nacht | buona notte |
| auf Wiedersehen | arrivederci |
| entschuldige(n Sie) | scusa (scusi) |
| hallo/grüß dich | ciao |
| bitte | prego/per favore |
| danke | grazie |
| ja/nein | sì/no |
| Wie bitte? | come?/prego? |

## Unterwegs

| | |
|---|---|
| Haltestelle | fermata |
| Bus/Auto | autobus/mácchina |
| Ausfahrt/-gang | uscita |
| Tankstelle | stazione di servizio |

| | |
|---|---|
| rechts/links | a destra/a sinistra |
| geradeaus | diritto |
| Auskunft | informazione |
| Bahnhof/Flughafen | stazione/aeroporto |
| alle Richtungen | tutte le direzioni |
| Einbahnstraße | senso único |
| Eingang | entrata |
| geöffnet | aperto/-a |
| geschlossen | chiuso/-a |
| Kirche/Museum | chiesa/museo |
| Strand | spiaggia |
| Brücke | ponte |
| Platz | piazza/posto |

## Zeit

| | |
|---|---|
| Stunde/Tag | ora/giorno |
| Woche | settimana |
| Monat | mese |
| Jahr | anno |
| heute/gestern | oggi/ieri |
| morgen | domani |
| morgens/abends | di mattina/di sera |
| mittags | a mezzogiorno |
| früh/spät | presto/tardi |
| Montag | lunedì |
| Dienstag | martedì |
| Mittwoch | mercoledì |
| Donnerstag | giovedì |
| Freitag | venerdì |
| Samstag | sábato |
| Sonntag | doménica |

## Notfall

| | |
|---|---|
| Hilfe! | Soccorso!/Aiuto! |
| Polizei | polizía |
| Arzt | médico |
| Zahnarzt | dentista |
| Apotheke | farmacía |
| Krankenhaus | ospedale |
| Unfall | incidente |
| Schmerzen | dolori |
| Panne | guasto |

## Übernachten

| | |
|---|---|
| Hotel | albergo |
| Pension | pensione |
| Einzelzimmer | camera singola |
| Doppelzimmer | camera doppia |
| mit/ohne Bad | con/senza bagno |

# Sprachführer

| | | | |
|---|---|---|---|
| Toilette | bagno, gabinetto | kaufen | comprare |
| Dusche | doccia | bezahlen | pagare |
| Handtuch | asciugamano | | |
| mit Frühstück | con prima colazione | **Zahlen** | |
| Halbpension | mezza pensione | 1 uno | 17 diciassette |
| Gepäck | bagaglio | 2 due | 18 diciotto |
| Rechnung | conto | 3 tre | 19 diciannove |
| Quittung | ricevuta | 4 quattro | 20 venti |
| wecken | svegliare | 5 cinque | 21 ventuno |
| | | 6 sei | 30 trenta |
| **Einkaufen** | | 7 sette | 40 quaranta |
| Geschäft/Markt | negozio/mercato | 8 otto | 50 cinquanta |
| Kreditkarte | carta di crédito | 9 nove | 60 sessanta |
| Geld | soldi | 10 dieci | 70 settanta |
| Geldautomat | bancomat | 11 ùndici | 80 ottanta |
| Lebensmittel | alimentari | 12 dòdici | 90 novanta |
| teuer | costoso/-a | 13 trédici | 100 cento |
| billig | a buon mercato | 14 quattordici | 150 centocinquanta |
| bar | in contanti | 15 quìndici | 200 duecento |
| Größe | taglia | 16 sédici | 1000 mille |

## Die wichtigsten Sätze

**Allgemeines**
**Sprechen Sie … Deutsch/Englisch?**   Parla … tedesco/inglese?
**Ich verstehe nicht.**   Non capisco.
**Ich spreche kein Italienisch.**   Non parlo italiano.
**Ich heiße …**   Mi chiamo …
**Wie heißt Du/heißen Sie?**   Come ti chiami/si chiama?
**Wie geht es Dir/Ihnen?**   Come stai/sta?
**Danke, gut.**   Grazie, bene.
**Wie viel Uhr ist es?**   Che ore sono?

**Unterwegs**
**Wie komme ich zu/nach …?**   Come faccio ad arrivare a …?
**Wo ist bitte …?**   Scusi, dov'è …?
**Könnten Sie mir bitte … zeigen?**   Mi potrebbe indicare …, per favore?

**Notfall**
**Können Sie mir bitte helfen?**   Mi può aiutare, per favore?
**Ich brauche einen Arzt.**   Ho bisogno di un médico.
**Hier tut es weh.**   Mi fa male qui.

**Übernachten**
**Haben Sie ein freies Zimmer?**   C'è una cámera libera?
**Wie viel kostet das Zimmer pro Nacht?**   Quanto costa la cámera per notte?
**Ich habe ein Zimmer bestellt.**   Ho prenotato una cámera.

**Einkaufen**
**Wie viel kostet …?**   Quanto costa …?
**Ich brauche …**   Ho bisogno di …
**Wann öffnet/schließt …?**   Quando apre/chiude …?

# Kulinarisches Lexikon

**Antipasto** — **Vorspeise**

| | |
|---|---|
| antipasto di mare | gemischte Vorspeise mit Meeresfrüchten |
| antipasto misto | gemischter Vorspeisenteller |
| bruschetta | mit Olivenöl geröstetes Brot |
| carpaccio di pesce | fein aufgeschnittener roher Fisch |
| gamberetti | Krabben |
| granseola | Meeresspinne |
| minestrone | Gemüsesuppe |
| sarde in saor | mit Zwiebeln und Pinienkernen marinierte Sardinen |
| schie | kleine Krabben |

**Primo** — **Erster Gang**

| | |
|---|---|
| bigoli in salsa | dicke Nudeln in Sardellensauce |
| brodetto di pesce | Fischsuppe |
| gnocchi | Kartoffelteigklößchen |
| linguine alla granseola | dünne Bandnudeln mit dem Fleisch der Meeresspinne |
| pasta con ragù | Nudeln mit Fleischsauce |
| pasta | Teigwaren |
| pasta e fagioli | dicke Bohnen, Nudeln und Gemüse |
| risi e bisi | Reis mit Erbsen, Schinken, Zwiebeln |
| risotto al radicchio | Risotto mit rotem Radicchio |
| risotto alle seppie (risotto nero) | Tintenfisch-Risotto mit der Tinte, daher schwarz gefärbt |
| timballo | Nudelauflauf |
| zuppa | Suppe |

**Secondo** — **Hauptgericht**

| | |
|---|---|
| acciughe | Sardellen |
| agnello | Lamm |
| ai ferri | vom Grill |
| anatra (selvatica) | (Wild-) Ente |
| anguilla | Aal |
| aragosta | Languste |
| arista di maiale | Schweinebraten |
| astice | Hummer |
| baccalà | Stockfisch |
| bistecca | Steak |
| branzino | Seebarsch |
| brasato | Schmorbraten |
| calamari | Kalamares |
| canestrei | kleine Muscheln |
| capesante | Jakobsmuscheln |
| caporossoli | Venusmuscheln |
| cernia | Zackenbarsch |
| coda di rospo | Seeteufel |
| coniglio | Kaninchen |
| cozze | Miesmuscheln |
| faraona | Perlhuhn |
| fegato alla veneziana | gedünstete Kalbsleber mit Zwiebeln |
| fritto misto | frittierter Fisch und Tintenfisch |
| frutti di mare | Meeresfrüchte |
| maiale | Schwein |
| mantecato | Fischpaste |
| manzo | Rind |
| moleche | Meereskrebse |
| moscardini | kleine Tintenfische |
| orata | Goldbrasse |
| pesce | Fisch |
| pesce spada | Schwertfisch |
| pollo | Huhn |
| polpette | Frikadellen |
| quaglie | Wachteln |
| rognoni | Nieren |
| rombo | Steinbutt |
| salmone | Lachs |
| seppie | Tintenfisch |
| sogliola | Seezunge |
| vitello | Kalb |
| vongole veraci | Venusmuscheln |

**Contorno** — **Beilage**

| | |
|---|---|
| bietole | Mangold |
| borlotti | Bohnensorte |
| carciofi | Artischocken |
| cavolfiore | Blumenkohl |
| ceci | Kichererbsen |
| cipolle | Zwiebeln |
| fagioli | Bohnenkerne |
| fagiolini | grüne Bohnen |

# Kulinarisches Lexikon

| | | | |
|---|---|---|---|
| finocchio | Fenchel | anguria | Wassermelone |
| fiori di zucca | Kürbisblüten | arance | Orangen |
| funghi (porcini) | (Stein-) Pilze | castagne | Esskastanien |
| insalata mista | gemischter Salat | ciliege | Kirschen |
| lattuga | (grüner) Salat | fichi | Feigen |
| lenticchie | Linsen | fragola | Erdbeere |
| melanzane | Auberginen | frutti di bosco | Waldfrüchte |
| pane, panino | Brot, Brötchen | lamponi | Himbeeren |
| patate | Kartoffeln | limoni | Zitronen |
| peperoni | Paprika | mandorle | Mandeln |
| peperoncino | getrockneter Chili | mele | Äpfel |
| piselli | Erbsen | nocciole | Haselnüsse |
| polenta | Maisbrei | pera | Birne |
| pomodori | Tomaten | pesca, pesche | Pfirsich, Pfirsiche |
| porcini | Steinpilze | uva | Weintraube |
| verdura mista | gemischtes Gemüse | | |
| zucca | Kürbis | **Bevande** | **Getränke** |
| | | acqua gasata | Mineralwasser mit Kohlensäure |
| **Dolce** | **Dessert** | acqua minerale | Mineralwasser |
| buranelli | trockene Kekse, die in Fragolino (Rotwein mit Erdbeeraroma) getaucht werden; eine Spezialität der Laguneninseln | amaro | Magenbitter |
| | | caffè/espresso | Espresso |
| | | caffè latte | Milchkaffee |
| | | caffè lungo | Espresso, mit heißem Wasser gestreckt |
| crostata | Obsttorte | espresso corretto | Espresso mit Grappa |
| gelato | Eis | grappa | Tresterschnaps |
| macedonia | Obstsalat | limoncello | Zitronenlikör |
| semifreddo | Halbgefrorenes | spremuta | frisch gepresster Obstsaft |
| | | succo (di mela, arancia, pompelmo) | Saft (Apfel-, Orangen-, Grapefruit-) |
| **Frutta** | **Obst** | vino bianco | Weißwein |
| albicocche | Aprikosen | vino rosso | Rotwein |
| amarene | Sauerkirschen | | |

## Im Restaurant

**Ich möchte einen Tisch reservieren.**   Vorrei prenotare un tàvolo.
**Die Speisekarte, bitte.**   Il menù, per favore.
**Weinkarte**   lista dei vini
**Die Rechnung, bitte.**   Il conto, per favore.
**Tagesgericht**   menù del giorno
**Gedeck**   coperto
**Messer**   coltello
**Gabel**   forchetta
**Löffel**   cucchiaio
**Glas**   bicchiere
**Flasche**   bottiglia
**Salz/Pfeffer**   sale/pepe
**Zucker/Süßstoff**   zúcchero/saccarina
**Kellner/Kellnerin**   cameriere/cameriera

# Register

**A** Mano 47
Accademia Villa Maravege 90
Accessoires 103
Ae Oche 111
Ai Bisatei 95
Ai Do Mori 44, 99
Ai Postali 111
Aktivitäten 23
Al Campaniel 89
Al Chioschetto 109
Al Mercà 43
Al Nono Risorto 96
Al Paradiso Perduto 111
Alberto Valese 105
Alessandro Merlin 102
Alex 90
Aliani 45
All'Altanella 65
All'Arco 44, 99
Alla Madonna 44
Alla Vedova 95
Alla Zucca 97
Alle Testiere 95
Alte Prokuratien 29
Altstadt 8
American 90
Anreise 16
Antiche Carampane 98
Antichità Giulia Fabris 101
Antichità Marciana 101
Anticlea Antiquariato 101
Antico Calice 99
Antiquitäten 101
Architektur 14
Arsenal 74
Astra 108
Attilio Codognato 105
Attombri **43,** 105
Ausflüge 84
Ausgehen 106
Auskunft 24
Ausspracheregeln 112
Ausweis 17
Auto 16
Azienda di Promozione Turistica 19

**B**AC-Art-Studio **45,** 59
Bácari 99
Bahn 16
Bahnhof 6
Barovier & Toso 70, **102**
Bars 42, 107
Bed & Breakfast 88
Behinderte 22
Bellini, Giovanni 55
Bevilacqua 32
Bevölkerung 8, 12
Bezahlen 93
Biennale d'Arte 18, 31
Bitta 54
Boldrin 95
Bootsfahrt 49
Bottega d'Arte 103
Brasserie Vecchia Bruxelles 111
Brenta-Kanal 85
Brenta-Villen 84, 85
Bruno Magli 104
Bücher 101
Bucintoro 93
Burano 72
Bußgelder 11

**C**a' d'Oro 50, **74,** 80
Ca' Farsetti 50
Ca' Foscari 50, 89 (Hotel)
Ca' Macana Atelier 102
Ca' Pesaro 50
Ca' Rezzonico 50, 75, 82
Ca' Rezzonico Museo del Settecento Veneziano 82
Cafés 93, 107
Caffè 52
Caffè alla Città di Torino 109
Caffè del Doge 45, 94, 102
Caffè Florian **31,** 93
Caffè Rosso 52, **107**
Cafoscarina 101
Calzature Dittura 103
Campanile di San Giorgio Maggiore 6, **31,** 63, 65
Campo Cesar Battisti 43

Campo San Bartolomeo 40
Campo San Giacometto 106
Campo San Polo 74
Campo San Zanipolo 36
Campo Santa Margherita **52,** 106
Campo Santi Giovanni e Paolo 36
Canal Grande 6, **49**
Canaletto 57
Cannaregio **7,** 106
Cantina Vecia Carbonera 110
Cantinone già Schiavi 57, 99
Carlo Moretti 70
Carriera, Rosalba 57
Casa Boccassini 89
Casa Cardinal Piazza 89
Casa del Parmigiano 43
Casa di Carlo Goldoni 48
Casa di Marco Polo 75
Casa di Tintoretto 75
Casa Martini 90
Casino Municipale 108
Castello 6
CDs 101
Chiesa dei Gesuati 77
Chiesa del Redentore 64
Chioggia 84 (Ort), 93 (Café)
Chorus Pass 77
Cimitero Comunale 71
Cinema Rossini 108
Cioccolateria Vizio e Virtù **47,** 101
Coin 103
Colleoni, Bartolomeo 37
Collezione Peggy Guggenheim 60
Color Casa 45

**D**a Alberto 98
Da Filo 111
Da Ignazio 48
Da Bepi 98
Dalla Marisa 95
Delikatessen 100, **102**

116

# Register

Deposito del Megio 49
Design 102
Designermode 104
Deutsche Synagoge 68
Devil's Forest 107
Didovich 93
Diskotheken 108
Do Draghi 53
Dogenpalast 6, 33
Donatello 46
Dorsoduro 7
Drogheria Mascari **44,** 102
Duca d'Aosta 103

**E**inkaufen 58, 100
Einreisebestimmungen 17
Eisdielen 93
ENIT 19
Enoteca 107
Erlöserkirche 64
Essen und Trinken 92

**F**abio Calchera 102
Fahrrad **24,** 85
Feiertage 17
Feste 17
Festivals 17
Fiaschetteria Toscana 41,
**94**
Filmfestspiele 18
Fiorella Mancini 104
Fischmarkt 45
Flora 90
Flugzeug 16
Fondaco dei Tedeschi **41,** 50
Fondaco dei Turchi 49
Fondamenta degli Ormesini
106
Fondamenta della Misericordia 106
Fondamente Nuove 39
Fondazione Querini-
Stampalia 79
Foresteria Valdese 90
Forschung 10
Francis Model 104
Frari-Kirche 46
Frary's 48
Fremdenverkehrsämter 19
Friedhof, Städtischer 71
Fundbüros 18
Fujiyama 94

**G**alleria dell'Accademia 55
Galleria Franchetti alla Ca'
d'Oro 74, 80
Galleria Internazionale
d'Arte Moderna
Ca' Pesaro 80
Galleria L'Occhio 58
Gam-Gam 67
Gärten 83
Gebäude 74
Gefängniskammern 35
Gelateria Il Doge 53
Gelaterie 93
Geld 19
Geschenke 102
Geschichte 14
Gesundheit 19
Ghetto 66
Gianni Basso 105
Giardini Ex Reali 83
Giardini Pubblici 83
Giardino Papadopoli 83
Gilberto Penzo **47,** 102
Giorgio Armani 104
Giorgio Nason 58
Giorgione 55, 108 (Kino)
Giovanna Zanella 104
Giudecca-Insel 64
Glas 21, 58, **69,** 102
Glasmuseum 69
Glücksspiel 108
Gondeln 25, 47, **50,** 58
Gondelwerft San Trovaso 76
Gourmetlokale 94
Gran Caffè Quadri 32
Guardi, Francesco 57
Gucci 104
Guggenheim, Peggy 60

**H**andicap 22
Harry's Bar 98
Hausnummern 10
Hochwasser 11, 15
Hotels 88

**I** Frari 46
Ikonenmuseum 81
Il Caffè 107
Il Pavone 59
Il Ridotto 94
Il Tempio della Musica **41,**
101

Informationsbüros 19
Informationsquellen 19
Inishark Irish Pub 108
Internet 20, 24
Italienische Synagoge 68

**J**azz Club Novecento **45,**
110
Jesurum 102
Joggen 23
Juden 66

**K**arneval 17
Kartenvorverkauf 107
Kerer 32
Kinder 21
Kino 108
Kirchen 77
Klassische Musik 110
Kleidung 11
Klima 22
Konsulate 23
Konzentrationslager 67
Kreuzfahrtschiffe 12
Küche, venezianische 92
Kulinarisches Lexikon 114
Kunst 101
Kunst, Moderne 60
Kunsthandwerk 42, 100

**L**'Incontro 54, **96**
L'Olandese Volante 108
La Baita 44
La Bitta 96
La Bottega dei Mascareri
42
La Boutique del Gelato 93
La Calcina 91
La Corte 91
La Fenice 15, **110**
La Mela Verde 94
La Palancae 65
Laberintho 105
Läden 42
Lagune 15, 72
Laura Crovato 105
Lavena 32
Le Forcole 59
Le Zitelle 79
Lebensmittel 102
Legatoria Piazzesi 105
Levantinische Synagoge 68

**117**

# Register

Lido  84
Livemusik  109
Livio de Marchi  101
Loris Marazzi  59
Luigi Benzoni  101

**M**addalena  73, **96**
Madonna dell'Orto  77, 89
Malcontenta  84
Margaret DuChamp  54
Märkte  42
Markuskirche  29
Markusplatz  6, **28**
Matisse Rialto  43
Max Mara  104
Mercato del Pesce  43
Mercato del Rialto  43
Mille e una nota  45
Missoni  104
Mitwohnzentrale  89
Mode  58, 103
Moderne Kunst  60
Molino Stucky  76
Mondo diVino  99
Monica Daniele  104
MOSE-Projekt  15
Motoscafi  25
Multisala Rossini  108
Murano  69
Muro Vino e Cucina  111
Museen  79
Museo Archeologico  80
Museo Correr  81
Museo d'Arte Ebraica  68
Museo d'Arte Orientale  81
Museo dei Dipinti Sacri
    Bizantini – Istituto
    Ellenico  81
Museo del Risorgimento
    81
Museo del Settecento
    Veneziano  82
Museo di Palazzo Mocenigo
    81
Museo di Storia Naturale
    82
Museo Fortuny  81
Museo Storico Navale  82
Museo Vetrario  69
Museum der Accademia  50
Museum Shop des Guggen-
    heim-Museums  59

**N**achtleben  106
Nebel  9
Neue Architektur  14
Notfall  19, 23

**Ö**ffentliche Verkehrsmittel
    25
Öffnungszeiten  22, 80, 100
Oper  15, **110**
Orientierung  10
Ospedale della Pietà  79
Osteria al Boccon Divino  54
Osteria da Fiore  95
Osteria di Santa Marina  95

**P**alazzetto Bru Zane  110
Palazzo Barbarigo  50
Palazzo Bembo  50
Palazzo Dandolo  50
Palazzo Ducale  6, 33
Palazzo Giustinian  69
Palazzo Grassi  83
Palazzo Grimani  50
Palazzo Labia  83
Palazzo Vendramin-Calergi
    50
Palazzo Venier dei Leoni  50
Pantagruelica  102
Paolo Olbi  105
Papier  105
Parco della Rimembranza
    83
Parken  17
Parks  83
Pasticceria Rosa Salva  39
Pellestrina  84
Perle e dintorni  105
Pescheria  50
Pfahlbau  34
Piazza San Marco  6, **28**
Piazzale Roma  6
Piccolo Mondo  108
Pier Dickens Inn  54, **111**
Pinault, François  61
Plätze  74
Ponte dei Sospiri  76
Ponte della Costituzione  76
Ponte di Rialto  6, **40**, 50
Preisniveau  93
Prigioni  35
Procuratie Nuove  29
Procuratie Vecchie  29

Pubs  107
Punta della Dogana  50, **61**

**Q**uattro Feri  54, 97

**R**adfahren  24
Rauchen  22
Regata della Befana  17
Regata Storica  18
Regen  9
Reisezeit  22
Renaissance-Maler  55
Reservierung  88
Rialto-Brücke  6, 40, 50,
    106
Rialto-Markt  42, 43
Rialto-Viertel  42
Rioba  97
Riva degli Schiavoni  5
Rizzo  41
Roberto Tolin  104
Rolando Segalin  104
Rolling Venice  20
Rollstühle  23
Romano  73, **98**

**S**an Francesco della Vigna
    77
San Giorgio dei Greci  78
San Giorgio Maggiore  6, **63**
San Giovanni Elemosinario
    45
San Gregorio Art Gallery  58
San Marco  6, 28, **29**
San Martino  72
San Michele  71
San Michele in Isola  71
San Pietro in Volta  85
San Pietro Martire  70
San Polo  7, 78 (Kirche)
San Salvatore  41
San Sebastiano  53
San Simeone Piccolo  49
San Zaccaria  78
San Zanipolo  36
Sant'Alvise  78
Santa Croce  7
Santa Fosca  72
Santa Maria Assunta  72
Santa Maria Assunta dei
    Gesuiti  78
Santa Maria dei Miracoli  39

# Register

Santa Maria del Rosario 77
Santa Maria della Pietà 79
Santa Maria della Salute 50, **62**
Santa Maria Formosa 79
Santa Maria Gloriosa dei Frari 46
Santi Giovanni e Paolo 36
Santo Maria e Donato 70
Santissimo Redentore 64
Scala Contarini del Bòvolo 76
Schiffsausflug 85
Schmuck 105
Schokolade 47
Schwimmbad 24
Schwimmen 24
Scuola di San Giorgio degli Schiavoni 83
Scuola Grande di San Marco 37
Scuola Grande di San Rocco 47
Scuola Grande di Santa Maria dei Carmini 53
Sestrieri 6
Seufzerbrücke 35, **76**
Sicherheit 23
Sinagoga Canton 68
Sottoportego del Ghetto Vecchio 67
Souvenirs 102
Spanische Synagoge 68
Spazio Vedova 62
Sport 23
Sprachführer 112
Squero 94

Staat 12
Stadtführungen 25
Stadtverwaltung 23
Stadtteile 6
Stiftungen, venezianische 60
Strände 24
Su e Zo per i Ponti 18
Synagogen 68
Szenekneipen 111
Szenelokale 96

**T**agestour auf dem Brenta-Kanal 84
Taxiboote 25
Teamo 108
Teatro Fondamenta Nuove 110
Teatro Goldoni 110
Teatro La Fenice 77
Teatro Malibran 110
Telefon 24
Tessuti di Hélène **59,** 101
Theater 110
Tiepolo, Gianbattista 57
Tizian 46
Toletta 57, **101**
Torcello 72
Torino@Notte 110
Torre dell'Orologio 29
Tourismus 8
Touristeninformationen 19
Traghetti 25
Treffpunkte 106
Trina Tygrett 58
Trinkwasser 94

**Ü**bernachten 88
Uhrturm 29
Umwelt **12,** 24
Universitäten 10

**V**alese Fonditore 102
Vaporetti 25
Venezianische Stiftungen 60
Venice Jazz Club 111
Venice Marathon 18
Venezia Unica City Pass 20
Venini 32, 70
Verbote 11
Versace 104
Verwaltung 12
Villa Foscari 84
Villa Nazionale 84
Villa Pisani 84, 85
Vini da Gigio 99
Vittorio Costantini 103
Vivaldi 79
Vogalonga 18

**W**aisenhäuser 79
Wappen 13
Websites 20
Weinstube 99
Wellness 23
Wetter 22
Wirtschaft 9

**Z**accaria-Kloster 78
Zeitung 107
Zeitzone 12

---

## atmosfair

## Das Klima im Blick

Reisen bereichert und verbindet Menschen und Kulturen. Wer reist, erzeugt auch $CO_2$. Der Flugverkehr trägt mit bis zu 10 % zur globalen Erwärmung bei. Wer das Klima schützen will, sollte sich – wenn möglich – für eine schonendere Reiseform entscheiden oder die Projekte von *atmosfair* unterstützen. Flugpassagiere spenden einen kilometerabhängigen Beitrag für die von ihnen verursachten Emissionen und finanzieren damit Projekte in Entwicklungsländern, die dort den Ausstoß von Klimagasen verringern helfen *(www.atmosfair.de)*. Auch der DuMont Reiseverlag fliegt mit *atmosfair!*

Autor | Abbildungsnachweis | Impressum

**Unterwegs mit Christoph Hennig**

Christoph Hennig hat zahlreiche Reiseführer über italienische Regionen geschrieben. Seine Reiseberichte erschienen u. a. in GEO-Saison, Merian, FAZ, Süddeutscher Zeitung. Seine Bücher über die Cinque Terre und die Abruzzen wurden von der italienischen Tourismusorganisation ENIT 2007 als »beste Reiseführer des Jahres« ausgezeichnet. Über Italien informiert er auch auf den Websites www.italienwandern.de und www.5terre.de. Venedig, wo er schon viele Monate seines Lebens verbracht hat, begeistert ihn immer wieder neu.

**Abbildungsnachweis**

DuMont Bildarchiv, Ostfildern: S. 15, 34, 43, 44, 49, 53, 64, 66, 72, 73, 84 (Lubenow); 88 (Johaentges)
Huber-Images, Garmisch Partenkirchen: 61 (Da Ros)
Hans Klüche, Bielefeld: S. 7, 74, 75
laif, Köln: S. 26/27 (Babovic); Titelbild, 65, 86/87 (Bungert); 4/5, 39, 59 (Celentano); 10 (Galli); 40 (Glaescher); 30 (hemis.fr/Borredon); 33 (hemis.fr/Guizhou); Umschlagklappe vorn (Hoa-Qui/Grandadam); Umschlagrückseite, 9 (Hoa-Qui/eyedea/Hodalic); 91 (Kerber); 92, 97, 106, 109 (Kirchgessner); 13 (Le Figaro/Gladieu); 100, 103 (Mueller); 62 (Polaris/Silvestri); 32, 69 (Zanettini); 37, 46 (Zinn)
Franz Lerchenmüller, Lübeck: S. 120
Look, München: S. 29 (travelstock 44)
picture-alliance, Frankfurt a. M.: S. 55, 56, 67 (akg/Cameraphoto); 48 (akg/Schuetze/Rodemann)

**Kartografie**

DuMont Reisekartografie, Fürstenfeldbruck, © DuMont Reiseverlag

**Umschlagfotos**

Titelbild: Markusplatz mit Dogenpalast und dem Blick auf San Giorgio Maggiore
Umschlagklappe vorn: Gondoliere

**Hinweis:** Autor und Verlag haben alle Informationen mit größtmöglicher Sorgfalt geprüft. Gleichwohl sind Fehler nicht vollständig auszuschließen. Alle Angaben erfolgen ohne Gewähr. Bitte schreiben Sie uns! Über Ihre Rückmeldung zum Buch und Verbesserungsvorschläge freuen sich Autor und Verlag:
**DuMont Reiseverlag,** Postfach 3151, 73751 Ostfildern
info@dumontreise.de, www.dumontreise.de

3., aktualisierte Auflage 2015
© DuMont Reiseverlag, Ostfildern
Alle Rechte vorbehalten
Lektorat/Redaktion: Anne Winterling, Susanne Völler
Grafisches Konzept: Groschwitz/Blachnierek, Hamburg
Printed in China